應用社會科學調查研究方法系列叢書

社會研究的後設分析程序

Meta-Analytic Procedures
for Social Research

Robert Rosenthal 著
齊力譯
吳齊殷校閱
國立編譯館主譯

弘智文化事業有限公司

Robert Rosenthal

Meta-Analytic Procedures for Social Research

Copyright © 1984, 1991
By Sage Publications, Inc.

Chinese edition copyright © 1999
By Hurng-Chih Book Co., Ltd..
For sales in Worldwide.

ISBN 957-98081-5-5
Printed in Taiwan, Republic of China

修訂版序

　　第二版的目的很簡單，就是要讓第一版發表後問世的新後設分析程序能夠較易入手。這些新程序及同時描述的基本程序可讓讀者能夠進行他們自己的後設分析，並評量別人所作的後設分析。

　　自從第一版發表後的幾年裡，Donald B. Rubin 仍繼續教導我後設分析與其他量化事宜。我們經常合作，而當我們合作時，他把艱難的、原創的工作都做了，是為我做，而非為他自己。而他卻堅持按字母序排名，真是好個國度！

Robert Rosenthal

初版序

一個我本不很相信的研究結果，卻激起了我對後設分析的興趣。由於在別處（Rosenthal, 1985b）所提到的某種理由，我進行了一些研究，探究心理實驗者由於期望得到研究受試者的某些反應所產生的期望效果。這些研究顯示，實驗者的期望確實可能影響到他們的研究。在 1950 年代末，這個結果不很令人信服，對我如此，對其他同事亦然。

經過漫長的重複探究，最後終於說服我，在人際期望的現象中確實有些值得注意的事。從 1960 年代初起，我就組合並比較了關於實驗者與其他人之期望的系列研究結果（Rosenthal, 1961, 1963）。從那時候起，就已經有了組合及比較研究結果的基本量化程序（Mosteller & Bush, 1954; Snedecor, 1946）。

在 1960 年代中期，我開始在研究方法的課上教授幾種後設分析程序，不過那時候還不叫做後設分析。不管是我的講課也好、著作也好，都沒有產生什麼影響，增加人們應用這些程序的機會。讓人們應用後設分析程序的影響力，來自 Gene V. Glass 的一篇極出色的論文（1976a, 1976b）。

在這篇論文中，Glass將這種摘要的工作命名爲「後設分析」，並且提供了進行後設分析之途徑的漂亮範例。在這個過程中，他說服我這個原先擔任心理治療師的人，我也許「已經」幫助了那些我認爲曾經幫助過的人。

從 Glass 這早期的著作及本書常提到的其後和他同事所做的研究以後，後設分析研究的產量成長非常快速。從 1970 年代末以後，已經有數百篇已發表及未發表的後設分析論文。

在目錄與第 1 章導論裡詳細指出本書的內容爲何。簡言之，本書的目的就是要詳細描述後設分析程序，以便讀者能進行這些程序，而當其他人使用這樣的程序時，人們也能給予明智的評量。

這本書是設計給大學部高年級學生、研究生和社會與行爲科學研究者使用。所需要的數學程度是高中代數，而所需要的統計程度則約爲第二期資料分析課程的中間進度（e.g., Rosenthal & Rosnow, 1984a, 1991）。

我深深感謝「國家科學基金會」，一則，感謝其自 1961 年以來對人際期望之實質研究的贊助，此項研究讓我走向後設分析；再則，感謝其對此處所描述的某些方法程序之發展的部分贊助。

讓我一併對以下這些人表示感謝：Frederick Mosteller 在約二十年前大大拓展了我對於後設分析程序的視野；Jacob Cohen，一位我從未晤面的好同儕，他關於檢定力與效果大小估計的著作對我有深遠的影響；Donald B. Rubin，一位經常合作的夥伴，也是在後設分析及其他量化研究上的導師。

我曾向學生這樣描述我們的合作情形：「我問他問題，他回答。」顯然是最佳夥伴！

　　Len Bickman、Debra Rog、Harris Cooper 及一位匿名評論人對我手稿的建議，幫助我做出大幅的修改。Blair Boudreau 的打字非常出色，準確得令人無法置信，簡直就不需要再進行什麼校對了。

　　最後，我要謝謝 MaryLu Rosenthal，她教我怎麼進行社會科學文獻目錄的摘擷（M. Rosenthal, 1984），也對本書及其作者提供了無數的改善之處。

Robert Rosenthal

叢書總序

　　美國加州的 Sage 出版公司，對於社會科學研究者，應該都是耳熟能詳的。而對研究方法有興趣的學者，對它出版的兩套叢書，社會科學量化方法應用叢書（Series: Quantitative Applications in the Social Sciences），以及社會科學方法應用叢書（Applied Social Research Methods Series），都不會陌生。前者比較著重的是各種統計方法的引介，而後者則以不同類別的研究方法爲介紹的重點。叢書中的每一單冊，大約都在一百頁上下。導論的課程之後，想再對研究方法或統計分析進一步鑽研的話，這兩套叢書，都是入手的好材料。二者都出版了六十餘和四十餘種，說明了它們存在的價值和受到歡迎的程度。

　　弘智文化事業有限公司與 Sage 出版公司洽商，取得了社會科學方法應用叢書的版權許可，有選擇並有系統的規劃翻譯書中的部分，以饗國內學界，是相當有意義的。而中央研究院調查研究工作室也很榮幸與弘智公司合作，在國立編譯館的贊助支持下，進行這套叢書的翻譯工作。

　　一般人日常最容易接觸到的社會研究方法，可能是問

卷調查。有時候，可能是一位訪員登門拜訪，希望您回答就一份蠻長的問卷；有時候則在路上被人攔下，請您就一份簡單的問卷回答其中的問題；有時則是一份問卷寄到府上，請您填完寄回；而目前更經常的是，一通電話到您府上，希望您撥出一點時間回答幾個問題。問卷調查極可能是運用最廣泛的研究方法，就有上述不同的方式的運用，而由於研究經費與目的的考量上，各方法都各具優劣之處，同時在問卷題目的設計，在訪問工作的執行，以及在抽樣上和分析上，都顯現各自應該注意的重點。這套叢書對問卷的設計和各種問卷訪問方法，都有專書討論。

問卷調查，固然是社會科學研究者快速取得大量資料最有效且最便利的方法，同時可以從這種資料，對社會現象進行整體的推估。但是問卷的問題與答案都是預先設定的，因著成本和時間的考慮，只能放進有限的問題，個別差異大的現象也不容易設計成標準化的問題，於是問卷調查對社會現象的剖析，並非無往不利。而其他各類的方法，都可能提供問卷調查所不能提供的訊息，有的社會學研究者，更偏好採用參與觀察、深度訪談、民族誌研究、焦點團體以及個案研究等。

再者，不同的社會情境，不論是家庭、醫療組織或制度、教育機構或是社區，在社會科學方法的運用上，社會科學研究者可能都有特別的因應方法與態度。另外，對各種社會方法的運用，在分析上、在研究的倫理上以及在與既有理論或文獻的結合上，都有著共同的問題。此一叢書對這些特定的方法，特定的情境，以及共通的課題，都提

供專書討論。在目前全世界，有關研究方法，涵蓋面如此全面而有系統的叢書，可能僅此一家。

　　弘智文化事業公司的李茂興先生與長期關注翻譯事業的余伯泉先生（任職於中央研究院民族學研究所），見於此套叢者對國內社會科學界一定有所助益，也想到可以與成立才四年的中央研究院調查研究工作室合作推動這翻譯計畫，便與工作室的第一任主任瞿海源教授討論，隨而與我們兩人洽商，當時我們分別擔任調查研究工作室的主任與副主任。大家都認為這是值得進行的工作，尤其台灣目前社會科學研究方法的專業人才十分有限，國內學者合作撰述一系列方法上的專書，尚未到時候，引進這類國外出版有年的叢書，應可因應這方面的需求。

　　中央研究院調查研究工作室立的目標有三，第一是協助中研院同仁進行調查訪問的工作，第二是蒐集、整理國內問卷調查的原始資料，建立完整的電腦檔案，公開釋出讓學術界做用，第三進行研究方法的研究。由於參與這套叢書的翻譯，應有助於調查研究工作室在調查實務上的推動以及方法上的研究，於是向國立編譯館提出與弘智文化事業公司的翻譯合作案，並與李茂興先生共同邀約中央研究內外的學者參與，計畫三年內翻譯十八小書。目前第一期的六冊已經完成，其餘各冊亦已邀約適當學者進行中。

　　推動這工作的過程中，我們十分感謝瞿海源教授與余伯泉教授的發起與協助，國立編譯館的支持以及弘智公司與李茂興先生的密切合作。當然更感謝在百忙中仍願抽空參與此項工作的學界同仁。目前齊力已轉往南華管理學院

教育社會學研究所服務，但我們仍會共同關注此一叢書的
推展。

章英華・齊力

于中央研究院

調查研究工作室

1998 年 8 月

目錄

1

導論

討論社會科學裡的兩種悲觀來源。提出早期後設分析程序的例子，以舉例說明：（1）摘要關係；（2）決定調整變項；（3）以集群分析確立關係。描述後設分析程序當前的狀況，並提出應用後設分析程序的經驗性評估。

長期以來，在和自然科學比較的時候，社會與行為科學裡都有一種悲觀的感覺：我們的進步過於緩慢，如果我們還有進步的話。有時候，這種慢性狀態會在某個領域的發展上轉成急性的，或者說成為危機。例如在 Ralph Rosnow《轉變中的典範》（Paradigms in Transition, 1981）一書中，就精闢地分析了社會心理學領域裡滯後因素導致延長危機的情形。然而，我們這種科學領域如果能有長期的長進，

很可能就不會有那麼嚴重的急性危機。這本書的一般性目的是要描述一些量化的程序，以顯示以下兩點：（1）我們如何能比過去做得「更好」；及（2）我們事實上已經做得比我們認為的還要好，是如何做的呢。

社會科學裡兩種悲觀的來源

累積困難

社會科學裡兩種悲觀的來源之一是累積困難的問題，這也正是本書探討的焦點。這個問題是指：我們發現，社會科學並不能像物理學與化學等這類老科學所顯現的那樣，有穩定的進步與發展。物理科學的新著作直接立基在這些科學的舊作品之上。而社會科學卻不然，每期的科學期刊都像是學科全新開始的一般。

累積困難主要不是因為欠缺重複可能性，或是因為未能認識到重複的需求。其實，要求做進一步研究，常是我們在文章結束時提出的，在學術期刊裡也隨時可以讀到。但是，我們似乎比較容易發出這樣的呼籲，卻很難知道怎麼回應這種呼籲。在許多的社會科學領域裡，我們都已經有了大量基本上討論相同問題的研究結果。但是，我們把這各組研究的結果摘要來看，卻沒有它們原本可能有的那

麼豐富的訊息，不管是從摘要的重要性程度或是摘要的作用大小來說皆然。即使是由最有學養的作者所做的最佳的研究檢閱（review），也很少能對於一組研究的每項研究說出所研究變項之關係方向及是否得到某個水準 p 等結果以外的發現。現在這種情況就要開始改變了。有越來越多的文獻檢閱從傳統文字格式變成量化的格式（欲觀梗概可見：Cooper, 1984, 1989b; Glass & Smith, 1981; Hedges & Olkin, 1985; Hunter & Schmidt, 1990; Hunter, Schmidt & Jackson, 1982; Light & Pillemer, 1984; Mullen, 1989; Mullen & Rosenthal, 1985; Rosenthal, 1980, 1984）。

本書另外有三個較爲特定的目的，與累積困難的問題相干，包括：

1. 界定什麼是研究的「結果」，要比社會科學裡所習慣的更爲清楚。
2. 提供一般性的架構，以便將後設分析（亦即對研究題域的量化摘要）予以概念化。
3. 呈現此一架構內的量化程序，以期讀者們可以應用；或者，當其他人應用時，讀者可以更清楚地了解。

效果微小

社會科學裡悲觀的第二項來源是「效果微小」的問題，這也是本書探討的焦點。即使我們得到一個可能再重複的

結果時，實際的效果量幾乎也總是很微小，也就是說，只能說明變異中的微小比例。因此，還是會有抱怨，說即使某種社會行動方案是可行的，或某種新的教學方法可行，或者是心理治療可行，其效果卻微不足道，幾乎看不出有什麼實際的後果。

本書的一項特定目的則是要描述一種程序，幫助我們評估任何自變項的社會重要性。這在最末一章會有詳述。

早期後設分析程序的範例

早期後設分析程序的應用大約有三種類型。第一種類型的目標是要從一組研究中摘要兩變項間的總體關係。欲達到此種目標常是去估計這一組研究中所發現的兩變項間的平均關係。通常，會採用顯著性檢定的方式，也就是試著確定如下機率：如果在母群體裡真的關係為零時，還能得到樣本所顯示的關係之機率。

早期應用後設分析程序的第二種類型，則不這麼在意摘要兩變項間的關係，而是要確定兩變項關係強度的變動所關聯的因素為何。這也就是作為調整變項（moderator variables）的因素。

早期應用後設分析程序的第三種類型不檢測各研究內所見的任何關係。反之，每項研究只是提供每個變項一個集群資料，譬如說研究參與者的平均態度或是他們的平均

認知表現的水準。這些集群性或平均的資料是彼此相關或與其他研究特性相關，可供檢定假設或提示日後特定設計之研究中可檢驗的假設。

這三種早期應用後設分析程序彼此間的差異簡要地說是：（1）第一類一般是從所有的摘要研究發現中導出平均相關性的估計（或與該相關有關的組合的 p 水準）；（2）第二類是導出某些研究特性間的相關及這些研究發現的相關（或其他效果大小的指標）；（3）第三種類型則只是將每一研究所獲平均值資料與其他平均值資料相關，或與每一研究所獲其他特性相關。底下就提出一些例子來顯示這三種不同的類型。

摘要關係

早期有個例子，不是從社會科學而是從農業科學取得。Jay Lush（1931）研究公牛初期的重量與後來收成的關係。Lush 有六個公牛樣本，它的興趣是計算六個相關（相關係數的中位數為.39）。

這六個公牛樣本之所以有名，不是因為 Lush 計算了相關的平均，而是因為 George Snedecor（1946）將之放入其統計學的經典性參考書裡，作為組合相關係數的範例。後繼的版本也保留了此一著名範例（e.g., Snedecor & Cochran, 1980, 1989）。Snedecor 的長期合作撰文者 William G. Cochran本身就是後設分析的先驅。他很早就著手探討關於比較與組合系列研究之結果的統計議題。

在 Snedecor 的參考書（1946）裡，他不只是示範怎麼組合關係強度的估計值（r），還示範怎麼評量一組相關係數的異質性。也就是說，要怎麼應用 χ^2 檢定，以幫助評量：這些相關是否有顯著的總體差異。

　　再從農業科學轉回社會科學，筆者自己早期的後設分析研究也是關注估計平均相關的問題。有一份研究摘要，人們熟知是關於實驗者對研究結果期望之效果的研究（基於多項研究，每項研究都有許多實驗者），我們報告實驗者對受試者表現的期望與受試者後來的實際表現間的平均相關（Rosenthal, 1961, 1963）。這裡分別就那些明顯受偏誤結果鼓勵與不受鼓勵的兩種實驗者計算平均相關，兩者的相關係數之中位數分別是-.21 與.43。接著則進行（對比性）檢定，以確定這些平均相關彼此間是否有顯著差異。結果確實有差異，這意味著：雖然在通常情形下，實驗者會傾向得到期望想得到的結果，但是當他們覺得被過分影響（或甚至是某種被賄賂的情形）而造成研究結果偏誤時，又會傾向得到顯著相反的結果（Rosenthal, 1961, 1963）。對於一系列的研究都做過類似的分析，以探究實驗者的人格與他們在獲得資料時受其期望所影響的程度間的關係（Rosenthal, 1961, 1963, 1964）。

　　Snedecor 的參考書中檢定一組相關係數的異質性的範例，也被用來研究實驗者的效果。在其中的一項分析裡，可發現在八項研究中實驗者在他們扮演實驗者而操控其他人的同時也扮演受試者。因此可以得到以下相關：實驗者在一件工作裡的表現與同一工作中其實驗受試者的平均表

現的相關。應用 Snedecor 的檢驗，顯示八項相關係數有顯著差異（Rosenthal, 1961, 1963）。

Snedecor 的參考書範例，既做出計算平均 r 值的示範，也示範了如何檢定 r 的異質性。但是他的範例並沒有做總體檢定，以幫助評量以下機率：如果母群體中 r 的真值為零，得到一組特定的 r 值與對應之顯著性檢定的機率。如果 Snedecor 想要，他可以很容易地示範組合機率水準的過程。至少在數理統計史中有兩個重要人物 Ronald Fisher（e.g., 1932, 1938）與 Karl Pearson（1933a, 1933b）都已經描述過組合機率的程序。甚至在更早的時候，Tippett（1931）就已經描述了一種有關的程序，雖然還不是組合機率，但是可「確保」得到最小的 p 值，就是把它乘上所檢測的顯著檢定數。

Mosteller 與 Bush（1954）擴大了 Fisher 與 Pearson 的觀點，使社會科學家，特別是社會心理學家，能夠有幾種方法來組合獨立機率。Stouffer 及其同事（1949）很早就聰明地應用了組合機率的方法。對三組男性戰士樣本得到如下的資料：對於女性戰士在營房裡是否有功能的贊成與否的意見。當營房裡有女性戰士時，男性戰士就比較傾向於不贊成女性戰士（依其不願其姊妹參加軍隊來定義）。

回到前述關於實驗者期望效果研究的例子，我們可見到 Stouffer 組合機率方法應用的示範。在前三項實驗之後，顯示有由實驗所產生對研究結果期望的效果。所得到的這三項機率水準被組合在一起，從而可得這三項研究之總體顯著檢定（Rosenthal, 1966）。

確定調整變項

此節描述早期後設分析程序的另一種應用，其目的不在確立兩變項間的總體關係，而是要確定兩變項關係強度的變動所關聯的因素為何。這種因素就是調整變項，因為它們可以調整或改變關係的強度。

Thorndike（1933）很早就曾應用過。他拿到 Binet 的智力測驗的三十六項再測信度的獨立研究結果。他的興趣不在於再測信度本身的總體估計，而是在於再測信度相關的強度如何作為前後測之時間間隔之函數而隨其變異。可預期，間隔越久，再測信度就越低。這些間隔短則一個月，長則六十個月，中位數為二年。

Thorndike 並沒有報告再測信度的總估計值（r=.84），或是再測信度強度與再測時間間隔之間的相關（r（34）=-.39）。但是他分別報告了各不同再測間隔的估計信度，大致一個月以內為（r=.95），而接近五年時則為（r=.81）（此處報告的平均信度不是 Thorndike 所報告的信度，而是經校正過的估計值）。

稍後使用調整變項的例子是從前述實驗者效果的研究計畫取得。實驗者在工作中的表現可以與實驗受試者在同一工作中的平均表現相關，計有八項研究被納入。Rosenthal（1963，1964）的興趣是要了解，從早期到後期的研究中這些相關改變的程度為何。他發現，研究是什麼時候進行的對此有顯著而重大的效果（r=.81），早期的研究傾向得到正相關（相對於後期的研究），後期的研究則傾向得到負

相關（相對於早期的研究）。

由集群分析確立關係

本節將描述早期後設分析程序的第三種應用，每一研究只用來提供每一變項集群性（或平均）的資料。

Underwood（1957）的興趣是在記憶各種學習材料（如幾何圖形、無意義句、名詞）之程度與前述學習材料清單數目間的關係。他假設：在記憶測驗前所學習的清單越長，忘記的就越多。Underwood 找到十四項研究，每項都提供了兩項所需事實：在二十四小時後記得的百分比與之前平均學習清單數目。資料強烈支持他所提出的假設。這兩種變項間的相關很大：r（12）=-.91（此處 r 是以順序為準）（不過，在個別研究之內，我們無法期望得到這麼大的相關，因為集群分析的特性就是會有較大的相關）。

以後設分析方式摘要、調整、確立關係

為檢閱前述早期依三種不同目的所設計的後設分析程序間的差異，此處準備了表 1.1，這是一個假設的例子，用來說明摘要關係、確定調整變項與確立關係間的差異。A 欄顯示六項教師期望效果研究結果中教師期望與學生表現間的相關。B 欄顯示應用在六項研究中教師績優評量之平均。C 欄顯示每項研究中全部學童之學生表現平均水準。

表 1.1 說明摘要關係、確定調整變項與確立關係間差異的範例

研究	A 教師期望與學生表現間相關	B 教師績優評量平均	C 學生表現平均水準
1	.25	8	115
2	.20	9	110
3	.30	9	105
4	.35	7	105
5	.15	6	100
6	.10	5	95
平均	.22	7.3	105.0

註：A 欄的平均值顯示摘要的功能；A 欄與 B 欄的相關（r=.59）（而 A 與 C 之間，r=.53）顯示調整變項的檢測；B 欄與 C 欄的相關（r=.78）顯示確立關係的企圖。本表僅為一假設的例子。

　　A 欄的平均值顯示後設分析的摘要功能，也就是教師期望與學生表現間關係強度的平均值。

　　A 欄與 B 欄資料間的相關顯示調整變項的確定。相關（r=.59）顯示，教師越是被平均評為績優，該教師的期望效果就越大。另一個調整效果則可從 A 欄與 C 欄的相關找到。其相關（r=.53）顯示，當學生平均顯示較佳的表現時，教師期望的效果就越大。

　　B 欄與 C 欄的相關所顯示的是集群分析被用來確立關係的企圖。其間相關（r=.78）顯示，當所評量之教師績優水準越高時，平均學生表現水準也越高。有人可能想把這樣的相關解釋為教師越優秀，學生表現水準就越好。但是從所得到的相關其實無法適當地做出這種推論。還需要重新設計一個研究，以便適當確立因果因素對所得到的相關

社會研究的後設分析程序

研究有何種作用。類似地，描述調整變項之操作的相關在大多數時候也不能做因果的解釋，因為我們並未隨機地將研究分派給各不同水準的調整變項。Cooper（1984, 1989b）已在本系列叢書的一冊中將這點做了清楚而強烈地表達。不過，如果是基於實驗所得到的結果，即受試者係隨機分派給各種處理（treatment）條件者，則未嘗不能就其摘要研究結果進行因果推論。

後設分析程序的現狀

我們已檢視過早期後設分析程序的一些範例，有些甚至是半世紀以前的事。雖然有些程序早已存在多年（筆者也已使用部分程序逾二十年），但是在我們怎麼去做文獻檢閱或摘要研究題域上，迄未能有所突破。也就是說，大多數文獻檢閱仍舊是沿襲傳統的口述型態。不過，現在可能正有某種突破要出現了。據 Lamb 與 Whitla（1983）的分析，證據顯示，在 1976 到 1982 年間，後設分析的出版數量呈明顯線性增加（r=.85），從 1976 年的六篇到 1982 年的一百二十篇。其後，後設分析的觀念與程序的應用仍持續地快速成長（Hunter & Schmidt, 1990）。

Gene Glass 及其同事在後設分析方面的耀眼著作可能是社會科學想像中最能補捉住後設分析程序之價值的作品了。Glass 及其同事之應用後設分析程序與筆者很類似，但

是係獨立發展起來的，而且能夠昭顯心理治療的效果（Glass,
1976a, 1976b, 1977; Smith & Glass, 1977; Smith, Glass &
Miller, 1980）。部分因為 Glass 及其同夥的努力，近幾年來
討論、應用並發展各種後設分析程序的研究者有快速增加
之勢。（這些研究者包括：Bloom, 1964; Cook & Leviton, 1980;
Cooper, 1979, 1982, 1984, 1989a; Cooper & Hazelrigg, 1988;
Cooper & Rosenthal, 1980; DePaulo, Zuckerman & Rosenthal,
1980; Dusek & Joseph, 1983; Eagly & Carli, 1981; Feldman,
1971; Fiske, 1983; Glass, 1976, 1980; Glass & Kliegl, 1983;
Glass et al., 1981; Green & Hall, 1984; Hall, 1980, 1984; Harris
& Rosenthal, 1985, 1988; Hedges, 1981, 1982a, 1982b, 1982c,
1983a, 1983b; Hedges & Olkin, 1980, 1982, 1983a, 1983b,
1985; Hunter & Schmidt, 1990; Hunter et al., 1982; Kulik,
Kulik & Cohen, 1979; Light, 1979; Light & Pillemer, 1982,
1984; Light & Smith, 1971; Mintz, 1983; Mullen, 1989; Mullen
& Rosenthal, 1985; Pillemer & Light, 1980a, 1980b; Rosenthal,
1963, 1964, 1968, 1969, 1976, 1978, 1979, 1980, 1982, 1983a,
1983b, 1983c, 1985a, 1985b, 1986, 1987a, 1987b, 1990;
Rosenthal & DePaulo, 1979; Rosenthal & Rosnow, 1975;
Rosenthal & Rubin, 1978a, 1978b, 1979a, 1980, 1982b, 1982c,
1983, 1984, 1986, 1988, 1989, 1991; Shapiro & Shapiro, 1983;
Shoham-Salomon & Rosenthal, 1987; Smith, 1980; Smith &
Glass, 1977; Smith et al., 1980; Strube, Gardner & Hartmann,
1985; Strube & Hartman, 1983; Sudman & Bradburn, 1974;
Taveggia, 1974; Viana, 1980; Wachter & Straf 1990; Walberg

& Haertel, 1980; Wilson & Rachman, 1983; Wolf, 1986; Zuckerman, DePaulo, Rosenthal, 1981 及這些著作中所引述的許多其他人)。

在往後的章節裡,將詳細考慮如何應用各種後設分析程序。我們的程序還未臻於完善,我們可能會應用得不妥當,我們也可能會犯錯。儘管如此,除去此一系統化、顯豁、且定量的程序,其他途徑可能更不完善,可能更容易應用得不妥當,也可能更容易導致錯誤。所有傳統裡富於深思與直覺的文獻檢閱程序,也都可以應用在後設分析的檢閱裡。不過,後設分析檢閱超越傳統的檢閱程序之處在於前者更有系統、更顯豁、更窮盡、更量化。因為這些特徵,後設分析檢閱更能夠引導做出較徹底、較精密、較互為主體的或客觀的(Kaplan, 1964)摘要陳述。在本書最後一章裡,我們將對於後設分析程序及其衍生作品所遭受的批評做一系統的檢討。

對後設分析程序的經驗性評價

Harris Cooper 與我有興趣對後設分析程序對研究者(包括正在訓練中的研究者,亦即研究生,與有經驗的研究者,亦即教授、研究人員)所得到的結論的效果做經驗性評量(Cooper & Rosenthal, 1980)。基本的觀念是要求參與者進行文獻檢閱,討論在工作耐力上性別差異的問題。某些參

與者隨機分到後設分析程序組，某些人則分到傳統程序組。每位參與者都拿到同樣的七項研究，這些研究事先均已知其結果大體為顯著支持女性顯現較大工作耐力的假設。

總共有四十一名參與者，開始時是按其性別與身分（研究人員或研究生）區分，不過因為這兩個變項均不影響實驗結果，最後的實驗結果報告仍將四十一名參與者合在一起。我們要求被分派到後設分析程序組的參與者去記錄每一研究的顯著水準，並且詳盡指導他們如何組合這些顯著水準，以得到全部七項研究的總顯著檢定。被分派到傳統程序組的參與者則只要按照任何正常程序來做文獻檢閱即可。

當參與者完成檢閱之後，再問他們證據是否支持女性在工作耐力上優於男性。答案分為：確定是、也許是、很難說、也許不是、確定不是。此外，也問及性別與耐力關係的強度，答案分為：沒有、很小、小、普通、大、很大。儘管七項研究很清楚地顯示性別與工作耐力間有顯著相關，但是仍有 73%的傳統式檢閱者認為資料也許或確定不支持假設，而後設分析檢閱者則有 32%。兩組差異顯著（p<.005）。這意味著傳統式的檢閱方法比後設分析方法的力量損失大得多。換言之，在摘要研究範圍的程序上，傳統式的方法比後設分析程序更容易犯型 II 誤差（未拒絕錯誤的虛無假設）。

2

界定研究結果

　　此處將釐清「研究結果」的概念，並強調顯著
性檢定與效果大小的估計之間的關係。描述各種效
果大小估計的類型。最後，描述探討處理多種相關
結果的問題的方法。

　　本書其餘部分將處理比較及組合系列研究結果的量化
程序。然而，在我們能有意義地討論這些程序之前，必須
弄清楚，當我們說個別研究之結果時，我們是指什麼而言。

　　首先，我們將指出：當提到一項研究之結果時，我們
所意指的不是什麼。我們所意指的不是研究者所得出的結
論，因為這常只是模糊地關聯到實際的結果。在結果部分
與討論部分間常會出現變形的情形，這本身就是值得細加
檢討的議題。眼前我們只要提示：原本模糊的結果在討論

段落裡卻變得很順暢。所以，檢閱者如果過於著重討論的部分，而忽略結果部分，就很可能會在什麼是真正的發現上被誤導。

我們也不是指：總計的 F 檢定（分子部分自由度大於 1）或者總計的卡方檢定（自由度大於 1）的結果。在這兩例中，我們得到了對於那些經常無望精密之問題的量化答案。人們很少有興趣想知道變異數或共變異數之固定因素分析，而在某群自由度裡，隱含著有意義問題的一個或多個有意義的答案，我們先前並未預想到要來問我們的資料這些問題。也很少有那些場合我們會真的想要知道：在列聯表的某處，有一、二個觀察次數與按虛無假設所得到的該格裡的期望次數偏離太遠。

我們要藉著結果指出的是對下述問題的答案：任一變項 X 與任一變項 Y 之間的關係爲何？選出變項 X 與 Y，唯一的限定是我們須對其關係感到興趣。此一問題的答案來自兩個部分：（1）對關係量（即效果大小）之估計；與（2）所估計效果大小（估計值所在的信賴區間）之準確度（accuracy）或信度的指標。此答案的第二部分之替代選擇並不是真的比較有用，而是與既存的社會研究者之研究更一致。也就是說，在變項 X 和 Y 之間無相關的虛無假設之下，已獲取的效果大小和期望的效果大小兩者之間差異的顯著性檢定。

效果大小與統計顯著性

既然已經論證說關於任何關係的研究結果可以用效果大小加上顯著性檢定的估計值來表達，我們就應該把這兩種量的關係加以闡明。一般的關係顯示如下：

顯著檢定＝效果大小×研究大小

表 2.1 與表 2.2 提供了此一一般性公式之有用的特定範例。公式 2.1 顯示，自由度為 1 時，χ^2 即為效果大小與 N（受試者或其他抽樣單位的數目）的乘積，效果大小可以 ϕ^2（平方積差相關）表之。注意，ϕ 就是 Pearson's r 用在二分類資料（亦即資料被過錄為 0 與 1、1 與 2，或+1 與-1 等兩個值）的特例。

公式 2.2 只是公式 2.1 的平方根。它顯示，標準常態偏差值 Z（也就是一個自由度時χ^2 的平方根）是 ϕ 與 $\sqrt{N}$ 的乘積。

公式 2.3 顯示 t 是效果大小 $r/\sqrt{1-r^2}$ 與 $\sqrt{df}$ 的乘積，後者即研究大小的指標。此一效果大小（$\sqrt{1-r^2}$）的分母也就是所謂疏離係數 k，亦即非相關的程度之指標（Guilford & Fruchter, 1978）。

因此，效果大小也可以寫成 r/k，也就是相關對非相關的比。公式 2.4 與 2.5 有同樣的效果大小，即兩個相比較的組平均之差除以（或被標準化）母群體標準差的無偏誤估計值。

表 2.1　顯著檢定與效果大小間關係的範例：χ^2（1），Z，t

公式	顯著檢定	=	效果大小	×	研究大小
2.1	χ^2（1）	=	ϕ^2	×	N
2.2	Z	=	ϕ	×	$\sqrt{N}$
2.3	t	=	$\dfrac{r}{\sqrt{1-r^2}}$	×	$\sqrt{df}$
2.4	t	=	$\left(\dfrac{M_1-M_2}{S}\right)^a$	×	$\dfrac{1}{\sqrt{\dfrac{1}{n_1}+\dfrac{1}{n_2}}}$
2.5	t	=	$\left(\dfrac{M_1-M_2}{S}\right)^a$	×	$\sqrt{\dfrac{n_1 n_2}{n_1+n_2}}$
2.6	t	=	$\left(\dfrac{M_1-M_2}{\sigma}\right)^b$	×	$\left[\dfrac{\sqrt{n_1 n_2}}{(n_1+n_2)}\times\sqrt{df}\right]$
2.7	t	=	d	×	$\dfrac{\sqrt{df}}{2}$

a.　也稱為 g（Hedges, 1981, 1982a）

b.　也稱為 d（Cohen, 1969, 1977, 1988）

表 2.2　顯著檢定與效果大小間關係範例：相關觀察中的 F 與 t

公式	顯著檢定	=	效果大小	×	研究大小
2.8	F^a	=	$\dfrac{r^2}{1-r^2}$	×	df 誤差
2.9	F^b	=	$\dfrac{eta^2}{1-eta^2}$	×	$\dfrac{df\ 誤差}{df\ 平均數}$
2.10	F^b	=	$\dfrac{S^2\ 平均數}{S^2}$	×	n
2.11	t^c	=	$\dfrac{r}{\sqrt{1-r^2}}$	×	$\sqrt{df}$
2.12	t^c	=	$\dfrac{\overline{D}}{S_D}$	×	$\sqrt{n}$
2.13	t^c	=	d	×	$\sqrt{df}$

a.　分子自由度為 1。

b.　分子自由度可為任意數。

c.　相關觀察。

後面的效果大小（M_1-M_2）/S 是 Glass 及其同事所常應用的（1981），S 則計算為：

$$\left[\frac{\sum\left(X-\overline{X}\right)^2}{n_c-1}\right]^{\frac{1}{2}}$$

只應用受試者或從控制組所得之其他抽樣單位。總和的 S，即從兩組合併算出之單一值，最終可提供母體標準差的較佳估計。然而當兩種不同條件下的 S 有很大差異時，選擇控制組的 S 作為標準化的量是很合理的作法。這是因為實

驗處理本身恆有可能使實驗組的 S 比控制組的要大或小很多。

當兩組的 S 值差異很大時，另一種可能的作法是改變資料，使得 S 值很接近。此種轉變（如對數化或取根號值）當然需要能取得原始資料，但這也常需要去分別計算控制組的 S。當僅有從變異數分析得到的均方差時，吾人須滿足於使用其平方根（S）作爲標準化的分母。或者僅有 t 檢定的結果可得時，吾人也同樣要用總和的 S 估計來計算效果大小（吾人可使用公式 2.4 或 2.5，求解（M_1-M_2）/S）。

在離開關於是否僅從控制組或兩組來計算 S 這個議題以前，我們應提醒自己以下的一點：當兩組的 S 差異很大時，我們傾向僅從控制組來計算 S，通常的 t 檢定也許會產生誤導的結果。此種問題可經由近似估計的程序來探究（Snedecor & Cochran, 1989, p.96-98），不過最佳的途徑也許是資料的適當轉變（Tukey, 1977）。

公式 2.6 的效果大小，與公式 2.4、2.5 只有些微差異。僅有的差異是作爲平均值間差異的標準化的量是σ（總平方和除以 N），而不是 S（總平方和除以 N-k，k 爲組數）。這是 Cohen（1969, 1977, 1988）與 Friedman（1968）所使用的一種效果大小。基本上，此種指數（Cohen's d）就是被比較的各組平均值間的差，以標準分數或 Z 分數爲單位。公式 2.7 顯示，（M_1-M_2）/ σ是用 d 來代表，且此一研究項的大小在已知或可合理假定樣本數（n_1 與 n_2）相等的情形下，可大幅簡化。

表 2.2 中的公式 2.8 顯示，在分子部分爲一個自由度時，

F 即爲表 2.1 裡公式 2.3 中右項的平方乘積。當然,當 F 的
分子部分自由度爲 1 時,既然 $t^2=F$,這本來就該是如此。

　　公式 2.9 是公式 2.8 的延伸,適用於分子部分自由度大
於 1 的情形。因此 eta^2 就是所說明的變異比例,就像 r^2 一
樣。但是 eta^2 並不蘊涵兩變項間的關係爲線性。公式 2.10
顯示 F 的效果大小,F 是分組變異數內條件平均值變異數對
總和之比,而研究的大小則以 n 表之,即在每一組中的觀
察數。因爲我們很少在後設分析工作中當分子部分自由度
大於 1 時應用固定效果 F 檢定,所以公式 2.9 與 2.10 不常
被用在摘要研究題域上。

r 與 d 的比較

　　公式 2.11 可對相關觀察或重複測量做 t 值顯著性檢定。
須注意,此一相關 t 值的公式對於獨立樣本 t 而言與表 2.1
的公式 2.3 相同。因此,當我們應用 r 爲效果大小估計值時,
不需要特別做調整,把對獨立樣本的 t 檢定移向相關觀察的
檢定。然而,公式 2.12 與 2.13 的情形則不然。當效果大小
估計值是平均差除以 S 或σ時,在從獨立觀察的 t 值轉變成
相關觀察的 t 值時,研究的大小的定義會少去一個因數 2。
此等研究大小定義的不一致也是我們在使用 r 與 d 兩種估計
值多年後,愈益傾向以 r 而非 d 爲效果大小估計值的理由之
一。

　　偏好以 r 而非 d 爲效果大小估計值的另一個理由是:
我們常不能從原始文章作者所提供的訊息準確計算出 d 值。

研究者有時只是報告其 t 值與自由度值，卻不提樣本數。因此，我們不能使用公式 2.4、2.5 與 2.6 來計算效果大小。僅當我們假定 $n_1=n_2$，才可以算出。如果我們這麼做，譬如從重新安排公式 2.7 可得到 d：

$$d = \frac{2t}{\sqrt{df}}$$ （2.14）

如果探究者的樣本數相等，d 就會很準確，但是當 n_1 與 n_2 越趨於不等時，d 值就會越被低估。表 2.3 顯示，八項研究中，全部 t 值均爲 3.00 而自由度$=n_1+n_2-2=98$，而當假定 n 相等而應用公式 2.14 時，d 值會愈益低估。然而應注意，當分割不超過 70：30 的差距時，低估不會多於 8%。

偏好以 r 而非 d 爲效果大小估計值的第三個理由是可以在使用實際用語解釋時簡化問題。在本書最後一章中，描述「二項式效果大小展示」（binomial effect size display, BESD），這可用來呈現所獲得之效果大小的實際重要性。我們可以使用此一方法，立即將 r 轉換爲成功率較高的（譬如對應於應用一新的處理程序、新的選擇設計或新的預測變項）的估計。因爲會有嚴重誤解其實際重要性的可能性（如第 7 章所述），所以我們不應使用 r^2 作爲效果大小的估計（Rosenthal & Rubin, 1982c）。

偏好以 r 而非 d 爲效果大小估計值的最後一個理由是前者有較大的彈性。任何時候，只要是可以使用 d 的地方，也都可以使用 r，但是可以使用 r 的地方卻未必可以使用 d。譬如有時候基本的假設是：有特定的平均值順序，如 1、3、5、7，與對比的權值-3、-1、1、3（Rosenthal & Rosnow, 1985）。

在此情形下，d 沒有用而 r 卻很適用。

表 2.3　採用「等於 n」式子對 d 的低估情形

研究	n_1	n_2	準確 d 值[a]	估計 d 值[b]	列差	低估（%）
1	50	50	.61	.61	.00	.00
2	60	40	.62	.61	-.01	.02
3	70	30	.66	.61	-.05	.08
4	80	20	.76	.61	-.15	.20
5	90	10	1.01	.61	-.40	.40
6	95	5	1.39	.61	-.78	.56
7	98	2	2.16	.61	-1.55	.72
8	99	1	3.05	.61	-2.44	.80

a. $d = \dfrac{t(n_1 + n_2)}{\sqrt{df}\sqrt{n_1 n_2}} = $ 公式 2.6 重組所得一般式。

b. $d = \dfrac{2t}{\sqrt{df}} = $ 公式 2.7 重組所得「等於 n」式子。

　　雖然我越來越偏好使用 r 而不用 d，理由如前所述，但是最重要的一點是：在提出結果報告的時候，一定要示知關於效果大小的某種估計值。至於我們是用 r、g、d 或 Glass's Δ（即平均差除以 S，S 是僅從控制組計得者），或其他任何可用的效果大小估計值（e.g., Cohen, 1977, 1988），其重要性次於沿傳統的顯著性檢定應用某種效果大小估計值。

計算效果大小

　　本書的強調點是在用 r 作爲效果大小的估計值。由於

大多數探究者並不一定在顯著檢定時規律地提供效果大小的估計值，我們必須常要自己依據他們所提供的顯著檢定去計算。如果重新安排公式 2.1、2.3 與 2.8，可發現以下的式子（Cohen, 1965; Friedman, 1968）：

$$\phi = \sqrt{\frac{\chi^2(1)}{N}} \qquad (2.15)$$

$$r = \sqrt{\frac{t^2}{t^2 + df}} \qquad (2.16)$$

當 $df = n_1 + n_2 - 2$ 則

$$r = \sqrt{\frac{F(1, -)}{F(1, -) + df \text{ 誤差}}} \qquad (2.17)$$

其中，F（1,-）指分子自由度為 1 之任意 F 值。

如果並沒有應用或報告這些顯著檢定結果，只要知道研究的大小（N），就可以單從 p 的水準估計效果大小 r。我們要把 p 值轉換成標準常態偏差值之同等項，就要應用 Z 值表。如此則可得 r 值：

$$r = \sqrt{\frac{Z^2}{N}} = \frac{Z}{\sqrt{N}} \qquad (2.18)$$

應注意，公式 2.15 到 2.18 都得到積差相關係數。不管資料是二分類或連續的形式，還是排序性的資料，均無不同。因此，只要是相關，包括 Pearson's r、Spearman's ρ、φ（phi）或點雙系列 r（point biserial r）均以相同方式定義（雖然因為有簡化的計算方式，而使部分與其他看來不同），也以相同方式來解釋。

假如我們應該求 r 作為效果大小估計值，而現成只有

Cohen's d，我們可以很容易地從 d 求出 r（Cohen, 1977）。

$$r = \frac{d}{\sqrt{d^2 + \frac{1}{pq}}} \qquad\qquad (2.19)$$

其中 p 是總母群體在兩個比較組中第一組佔的比例，q 則是第二組佔的比例，亦即 1-p。當 p 與 q 相等時，或者兩者視為原則上相等時，公式 2.19 就簡化為公式 2.20。

$$r = \frac{d}{\sqrt{d^2 + 4}} \qquad\qquad (2.20)$$

在多數實驗應用中，都使用公式 2.20，因為我們認為原則上母群體大小相等。如果是在母群體大小本質上不相等的情況下，好比當我們比較常人隨機樣本與住院精神病患隨機樣本之個人調適分數時，會較偏好公式 2.19。如果要用到 Cohen's d 而現成只有 r 的時候，可依下式求得：

$$d = \frac{2r}{\sqrt{1 - r^2}} \qquad\qquad (2.21)$$

推論誤差

如果研究的結果報告都能包括效果大小的估計值與顯著檢定（或是相關程序如信賴區間等），我們就更能保護自己，避免犯型 I 與型 II 誤差，導致推論無效。無疑，在社會與行為科學裡，犯型 II 誤差（結論說 X 與 Y 無關而實

際卻相關）遠比型 I 誤差的可能性要大（Cohen, 1962, 1977）。
如果注意估計效果大小的量，有可能讓型 II 誤差的次數大
幅減少。如果估計值很大，而發現結果不顯著，我們可以
好好處理，避免認定變項 X 與 Y 不相關。僅當許多重複做
而被合併起來的結果都指出平均的效果大小很小，組合的
顯著檢定也未達到我們所欲的α水準時，我們才能結論說 X
與 Y 之間沒有較明顯的相關。表 2.4 摘要列出了推論誤差
及一些作為顯著檢定結果與母群體效果大小的共同作用的
可能後果。

表 2.4　母群體效果大小與顯著檢定結果作為推論誤差之決定項

母群體效果大小	顯著檢定結果	
	不顯著	顯著
零	無誤差	型 I 誤差
很小	型 II 誤差 [a]	無誤差 [b]
很大	型 II 誤差 [c]	無誤差

a.　檢定力（power）低，可能導致無法測試真正效果；但如果真效果
　　很小，此種誤差成本還不太大。

b.　雖然不是推論誤差，但如果效果大小很小而 N 很大，我們可能將
　　僅只是很顯著的結果誤以為是實際上很重要的結果。

c.　檢定力（power）低，可能導致無法測試真正效果；而如果真效果
　　很大，此種誤差成本也可能很大。

調整效果大小估計值

Fisher 與 Hedges 的調整方法

在本書裡，是以相關係數 r 為主要的效果大小估計。然而，當母群體的 r 值愈益遠離 0 時，從母群體中抽出的 r 的分配就會愈益扭曲。此一事實會使 r 的比較與組合複雜化，Fisher(1928)討論過此種問題。他於是設計出變式(z_r)，其分配接近常態。在我們所討論的所有後設分析程序裡，只要我們對 r 有興趣，我們所要計算的大部分不是 r 而是其變式 z_r，r 與 z_r 的關係如下：

$$z_r = \frac{1}{2}\log_e\left[\frac{1+r}{1-r}\right] \tag{2.22}$$

Fisher（1928, p.172）提到，z_r 有一種常被忽略的小偏誤，它的值過大，大了母群體的 r 值/[2（N-1）]這麼多。不過僅當 N 很小而同時母群體的 r 值（實際母群體的 r 值）又很大的時候，上述偏誤才會有影響。因此，就實際目的而言，它被忽略並無妨（Snedecor & Cochran, 1989）。關於 z_r 還要注意一點，雖然它提供了很有用的效果大小估計值，但是它不像 r 那麼容易解釋（請見末一章）。

其他的效果大小估計，好比 Glass's Δ、Hedges's g、Cohen's d 等，也有類似的偏誤。Hedges（1981, 1982a）曾提出準確的與近似的兩種修正因素。他所提出的無偏誤估

計式 g^u 如下：

$$g^u = c(m) g \qquad (2.23)$$

其中，g 是效果大小估計值，計算爲（M_1-M_2）/S（S 是從實驗組與控制組兩者算出），而 c（m）可如下求得近似值：

$$c(m) \approx 1 - \frac{3}{4m-1} \qquad (2.24)$$

其中 m 是從實驗組與控制組兩者算出的自由度，或是 n_1+n_2-2（參見 Hedges & Olkin, 1985）。

- 示範 Fisher 與 Hedges 的調整方法

要示範 Fisher 與 Hedges 的調整方法，假定有一實驗，其中，n_1=4、n_2=8 而 t（10）=2.76。按 Fisher 的方式，需要以 r 作爲效果大小估計。表 2.1 中的公式 2.3 可代入公式 2.16 來求得 r。示範如下：

$$r = \sqrt{\frac{(2.76)^2}{(2.76)^2 + 10}} = .658 \,; z_r = .789$$

z_r 中須修正的偏誤爲母群體的 r 值除以 2（N-1）。當然，我們不知道母群體的 r 值，但是我們可以應用所得到的 r 作爲初步概估。因此，z_r 的偏誤估計爲：

$$\text{估計偏誤}_1 = \frac{.658}{2(12-1)} = .030$$

此一偏誤要從所求出之 z_r 值.789 中除去，所以 z_r 值修

正為：

.789-.030 =.759

此與修正後的 r（.640）對應。因為我們有對母群體 r 值較準確的估計，即.640，所以我們可以重複計算，以得到對偏誤的更準確修正。

$$估計偏誤_2 = \frac{.640}{2(12-1)} = .029$$

此一修正偏誤與之前的概估略有不同，所得之修正後 z_r 值為：

.789-.029=.760

此與修正後的 r（.641）對應。注意，修正後的 r 僅略與未修正的 r 不同（.658 對.641），即使 N 很小（12）而母群體 r 被估計為相當大亦然。

如要示範 Hedges 對小樣本偏誤之修正方法，需要以 g 作為效果大小估計。因為 g 被定義為（M_1-M_2）/S，我們可從表 2.1 的公式 2.4 或 2.5 得到 g：

$$g = t\sqrt{\frac{1}{n_1} + \frac{1}{n_2}} = (2.76)\sqrt{\frac{1}{4} + \frac{1}{8}} = 1.69 \qquad (2.25)$$

或：

$$g = t\frac{\sqrt{n_1 + n_2}}{\sqrt{n_1 n_2}} = (2.76)\frac{\sqrt{4+8}}{\sqrt{(4)(8)}} = 1.69 \qquad (2.26)$$

應用 Hedges 的概估修正法，可以算出 g^u，這是 c（m）與 g 的函數。在此例中，m=4+8-2=10，所以：

$$c(m) \approx 1 - \frac{3}{4(m)-1} = 1 - \frac{3}{39} = .9231$$

而

$$g^u = c(m)g = (.9231)\ 1.69 = 1.56$$

　　表 2.5 摘要 Fisher 與 Hedges 對此例的調整方法。Hedges 的調整方法可以比 Fisher 的方法減掉更多的效果大小。但是因為尺度 r 與尺度 g 不能直接比較，所以，我們先要找到共同的尺度才能解釋所做修正的相對量。適當的共同尺度是 10 個自由度時的 t 分配，而 r 與 g 皆可依此一分配來表達。表 2.5 的下半部顯示，就此處的例子來說，Hedges 的修正比 Fisher 的修正更極端。但兩種修正在 t（10）分配的單位上均小於 8%。如果要把 r 轉換成 g，可依下式：

$$g = \frac{r}{\sqrt{1-r^2}} \times \sqrt{\frac{df(n_1 + n_2)}{n_1 n_2}} \qquad (2.27)$$

表 2.5　Fisher 與 Hedges 的偏誤調整方法

	效果大小	
	r	g
效果大小		
原始	.658	1.69
修正後	.641	1.56
差異	.017	.13
減少百分比	2.6	7.7
在 t（10）分配的位置		
原始	2.76	2.76
修正後	2.64	2.55
差異	.12	.21
減少百分比	4.3	7.6

如果有人要把 g 轉換成 r，可依下式：

$$r = \sqrt{\frac{g^2 n_1 n_2}{g^2 n_1 n_2 + (n_1 + n_2) df}}$$ （2.28）

Hunter 和 Schmidt 的調整方法

Hunter 與 Schmidt（1990，並參見 Hunter, Schmidt & Jackson, 1982）提出過一套最細緻的調整方法。他們建議就自變項與依變項的缺少信度、連續性自變項與依變項的二分、自變項與依變項範圍的限制、自變項與依變項建構效度的不完善，甚至就實驗組與控制組所用樣本大小不等的情形，進行調整。Hunter 與 Schmidt 的努力自有其價值，他們不但提醒我們：會有各種雜訊來源，使得所求出的效果大小被低估；他們也提供了如何調整這些雜訊來源的程序。應用這些程序可以讓我們估計出，在所有可能的世界中最好的世界裡，我們可以期望獲得什麼樣的效果大小。知道這些是有用的，也許可以把它作為目標，以便致力於發展較佳的測量與設計程序。但是，我並不認為這是後設分析的適切目標。這個目標應該是教我們改善現在狀態，而不是等到將來某一天，當所有的自變項與依變項都能得到完善的測量、有完善的效度、完善的連續性，且範圍完全不受限制的時候，在最佳的可能世界裡的可能狀態。

即使是為了設定較佳的工具化與較佳的設計程序在未來某個研究領域裡所可能得到的上限，而要進行這樣的調整，應用這種調整方法時仍然要很謹慎。譬如，近一世紀

以來，我們已經知道，單獨就缺少信度進行校正，可能得到大於 1.00 的「校正後」效果大小相關（Guilford, 1954; Johnson, 1944; Spearman, 1910）。

Glass、McGaw 和 Smith 的調整方法

涉入後設分析的各項研究在進行其分析所應用的統計程序時，精密程度各自不同。因此，重複測量設計（其中，得分分析爲一特例）、共變異分析設計、應用區塊切割設計等，比起只有後測且未切割的設計，傾向於產生較大的效果大小及更顯著的檢定統計值。Glass、McGaw 和 Smith（1981）已顯示我們如何可將不同設計的結果轉換爲共同的效果大小的尺度（譬如Δ或 g），以只有後測且未切割的設計爲基礎。這些調整對於其他人的研究並不一定都能行得通，但是通常是可以應用的。但是當應用它們時，建議還是把調整與未調整的統計值都列入報告中。

就如重複測量、共變異數、區塊切割設計傾向於增加檢定力那樣，使用無母數顯著檢定則可能減小檢定力。Glass 等人（1981）就提出了調整的程序。如稍早就調整議題所提及的，我仍建議在列出已調整統計值時，也將未調整的統計值列出。當用到無母數檢定時，可以從標準常態偏差值（Z）（對應一準確的機率 p 的水準）算出效果大小（r）的有用估計值，並依下式求 r：

$$r = \sqrt{\frac{Z^2}{N}} = \frac{Z}{\sqrt{N}} \qquad\qquad (2.18)$$

另一種可替代程序適用於 p 值並不太小的情形，即由下式求得 t（df），其值與所得 p 值相等。

$$r = \sqrt{\frac{t^2}{t^2 + df}}$$
（2.16）

過去，這些程序的準確性受到 t 表和 Z 表結構的限制，因其通常並未列出小於.0001 之 p 值。但是，現在可以用不算昂貴的掌中型計算機便可處理 p 值小到 $1/10^{500}$、Z 值大到 47.8 或 t 值大到（如自由度為 10）10^{50} 時的計算。

對於多重（相關）結果的解決途徑

　　許多涉及後設分析的研究都有一個以上的顯著檢定是與此處的假設相干的。因為每個顯著檢定都有一個效果大小估計值，所以這些研究也就會有多個效果大小估計值。研究中所用的各依賴變項均應予檢測，看是否有什麼線索顯示某類依賴變項最會或最不會受到自變項的影響。如果有許多研究都使用同樣的一些依賴變項，那麼我們可以分別就每一依賴變項進行後設分析。譬如，如果有人研究酗酒治療計畫的效果，他可以分別就禁酒、就業日數、被逮捕次數、一般身體健康狀況、個人與社會調適……等依賴變項進行分析。每一類的依賴變項都可以有幾種方式加以操作化。譬如，我們可以就每一變項蒐集自我報告、家庭報告、機構報告（如從醫院、診所、法院、警察局等地）

等。

　　表 2.6 顯示有六種類型的依賴變項與三種訊息來源交叉成一矩陣。如果有一組研究應用了這全部 6×3=18 個特定依賴變項，我們即可就這六類變項的每一個，分別依與三種訊息來源交叉的平均值，進行後設分析，以了解平均而言是那一變項最受處理的影響。同樣地，我們也可以就這三種訊息來源的每一個，分別依與六種變項交叉的平均值，進行後設分析，以了解平均而言是那一來源最受處理的影響。我們可以就 k 項研究的集合同時檢測這些，只要把效果大小（或對應於顯著水準的 Z 值）輸入 6×3=18 個矩陣格子裡，然後進行對效果大小（或 Z 值）的 K×6×3 的變異數分析。在這樣的分析中，應該有 K 個獨立抽樣單位（研究）及對六種變項類型因素與三種訊息來源因素的重複測量。此種分析對於同時呈顯如下效果很有價值：變項類型、訊息來源及這些變項間的交互作用對所得實驗效果強度的效果。

表 2.6　在一組酗酒治療計畫研究中所求得之假設依賴變項的矩陣

變項類別	訊息來源			平均值
	自我報告	家庭報告	機構報告	
禁酒日數				
就業日數				
被逮捕次數				
身體健康狀況				
個人調適				
社會調適				
平均值				

社會研究的後設分析程序

不幸，我們並不常能碰到把效果大小的矩陣都充分列出的情形。事實是，能夠有相當多的一組研究應用到同類的變項就很值得慶幸了。那麼，假如是典型的情況，我們又要如何就單一研究來分析多重結果呢？我們應該從不同的依賴變項計算每個結果嗎，就好像它是分開的研究，亦即結果好像是獨立的結果？Smith 等人（1980）與 Glass 等人（1981）都把多重結果看成像是獨立的。而此種作法曾遭受難以辯駁的批評。這些批評者在那裡出錯了呢？錯在他們混淆了非獨立性對顯著性檢定之效果與其對效果大小估計之效果。將非獨立結果視為獨立的加以處理，會傾向在顯著性檢定時造成誤差，但 Smith 等人和 Glass 等人並沒有做顯著性檢定。為了效果大小估計的目的而將非獨立結果當做是獨立的，只不過是將每個研究依其所產生之不同效果大小之數目按比例加權。雖然並不是所有後設分析都希望運用此加權，但如此做確實並沒有什麼不對。

　　我自己的建議是：每項研究均僅提供總體分析單一的效果大小估計與單一的顯著水準。此項建議並不排除計算其他的總效果大小估計，而這時候每一個研究均依其所產生的研究結果數、其樣本大小、其品質，或任何其他合理的加權因素來給予加權。

　　在以下各節，我們提議一些程序，以便從一組相關的研究結果中求取單一研究結果。首先我們描述一些程序，是當我們從報告中得不到很多細節時可用於通常後設分析情況的程序。稍後我們要描述當有較多原始資料時適用的程序。

在大多數的應用例子中，我們會發現顯著水準與效果大小都是高度相關的。同時，大多數相關的結果都是來自大略相同的樣本數。如果是這種情形，顯著水準與效果大小之間就容易有全然單調（monotonic）的關係。

缺乏原始資料或依變項間的交互相關

• 平均結果法

也許從單一研究的一組結果中求取單一結果的方法最明顯的就是計算平均顯著水準與平均效果大小。設有一組三個單尾 p 水準：.25、10、.001。要把這些 p 值加以平均，我們首先要找到各自對應的標準常態偏差值（Z），求 Z 的平均值（假如結果僅報告是不顯著，沒有進一步的訊息，我們就別無選擇，只有假定 p 爲.50 的水準，或者 Z 是 0.00）。在上例中，Z 值分別是.67、1.28、3.09。三個 Z 值都是正的，因爲所有的結果都是同一方向。三個 Z 的平均值是 [.67+1.28+3.09]/3=5.04/3=1.68。此一 Z 值對應 p 值爲.046。應該強調，當我們說要把 p 水準加以平均時，其實是把對應的 Z 值加以平均，而不是對 p 水準本身。在第 4、5 章裡會對此詳細討論。

要將各效果大小估計值加以平均，如果本來就是以標準差爲單位，如 Cohen's d、Glass's Δ與 Hedges's g 等，則直接取其平均值即可。如果是 r，在求平均值以前先要將每個 r 值轉換成 z_r，再求平均。如果並沒有現成的效果大小，只要我們知道 N，即抽樣單位數，就可以自行就每一 p 水準

各自計算。

$$r = \frac{Z}{\sqrt{N}} \qquad\qquad (2.18)$$

就前述三個 p 水準，如果 N=100，可求出對應的 r 值分別為.067、.128、.309。而對應於 r 值的 z_r 值則分別求出為.07、.13、.32，其平均值為.17，對應 r 值亦為.17。當 r 值都很小時，平均後直接得到的結果很像我們初步將 r 轉換成 z_r 時求出的結果。就此處的例子來看，直接將 r 值平均，所得到的 r 平均值也是.17。

另一替代程序是計算平均 p 水準，並僅計算對應的效果大小。雖然兩種估計常求出類似的值，但是應該注意，一組效果大小的平均值（每個都來自相對應的 p 值），它們和對應於平均 p 水準的效果大小是不同的統計值。譬如，設想從同一研究（N=100）的兩個 p 水準，對應兩個標準常態偏差值 0.00 與 9.00。它們的平均 Z 值是 4.5。對應此平均 Z 值的效果大小 r 值則為：

$$r = \frac{4.5}{\sqrt{100}} = .45$$

不過，對應於 Z 值 0.00 與 9.00 的效果大小分別是.00 與.90，而 z_r 則是 0.00 與 1.47。這些 z_r 的平均值大約是.74，對應的 r 值為.63。很明顯，這兩種方法可以得到極不同的結果（.64 對.45），而誰也不比誰本質上更正確。一種合理的作法是預先決定一種程序，並且在整個後設分析中前後一貫地運用這種程序。沒有必要同時應用兩種程序，除非兩者都已在先前報告中呈現。換言之，先計算兩種估計值，然後選

擇個人偏好的估計值來進行後設分析,這是不行的。

　　有時候,雖然有一整排的效果大小,卻只有一、二個 p 水準列入報告。譬如,如果報告提供一相關矩陣,其中將虛擬編碼(0,1)的自變項和一系列依賴變項求相關,就可能會發生這種情形。當然,碰到這種情形,我們會依據全部效果大小的平均值而非僅有報告 p 水準的資料來求效果大小估計值。此外,我們會從對應於全部報告所列效果大小的全部 p 水準的平均值來求 p 水準的估計值。下式是公式 2.18 加以重新安排而得,可由此求出對應每個 r 值的 Z 值:

$$Z = r\sqrt{N}$$

　　要計算由此程序求得之全部 Z 值的平均值,另一替代方式是只計算對應於平均效果大小的 Z 值。上面對於選擇一種程序來呈現「結果」的過程所提出的警告,宜謹記在心。

- **中位數結果法**

　　當各 p 水準與(或)由單一研究所產生的各效果大小很偏離常態的時候,某些後設分析者可能偏好計算中位數的 p 水準與中位數的效果大小。雖然有許多統計應用偏好中位數甚平均數(Tukey, 1977),但是在後設分析工作中,使用中位數容易使結果一貫地偏向型 II 誤差,亦即其結果會使估計值偏向虛無假設。下面的五個 p 水準(均為單尾)就是憑直覺可以很清楚的例子:.25、.18、.16、.001 與.00003。

中位數 p 值.16明顯大於對應平均 Z 值 1.93 的平均 p 值.027。
直覺會提示我們，拿這兩個顯著結果來看，比起中位數來，
平均值應該是表現五個 p 水準共同要旨的較佳估計值。這
樣的直覺會得到接下來要討論的由 Bonferroni 發展的方法
邏輯的支持。

- ### p 值的整體調整法

設想我們某項研究有四個 p 水準：.50、.50、.50、.001。
中位數 p 為.50 而平均數 p 為.22。但是，如果虛無假設為真，
那麼我們認為四個結果中不該有低到.001 的。Bonferroni 所
發展的程序就討論到這個問題。我們可以就單一研究檢視
其與 R 相關的一組結果。計算最顯著的 p，再計算較保守
的修正 p 值，在檢視 R 的結果以後，假如虛無假設為真，
可求得最顯著的 p 值（Rosenthal & Rubin, 1983）。所要做
的是將最顯著的 p（p_{ms}）乘以 R，這是為求得最顯著的 p 所
檢視的 p 水準的個數。因此，在我們上述的例子裡，R=4
個 p 水準，而最顯著的 p 為.001，整體調整 p 值則為：

$$調整後的 p = (R) p_{ms} = (4).001 = .004 \qquad (2.29)$$

此一處理相關結果的程序與 Tippett（1931）應用於獨
立樣本的程序有關。當我們沒有理論理由預期某種結果會
特別較其他更顯著時，我們還是可以根據對其重要性的看
法將每樣結果加權，以增加我們的檢定力（實際分派加權
值時必須由對所得結果毫無所知的研究者來做）。譬如我
們知道某研究產生了四個 p 水準，在檢視結果之前，我們

就要決定：第一個結果最重要，權值為 5；第二、三個結果次重要，權值均為 2；第四個結果最不重要，權值為 1。設想我們分別有四個單尾的 p 值：.02、.19、.24 與.40，那麼，最顯著的結果之加權調整的 p 水準即為：

$$調整並加權後的\ p = \left(\frac{\sum 權值}{p_{ms}的權值}\right) p_{ms}$$

$$= \frac{(5+2+2+1)}{5}.02 = .04 \qquad (2.30)$$

因此，加權調整的 p 值在 p<.05 時為顯著，而未加權的調整 p 值則不然，因為：

$$調整後的 p = (R) p_{ms} = (4).02 = .08$$

此外，平均 p 值為.17 而中位數 p 值為.21。Bonferroni 所發展的程序對分派加權值還有更詳盡的討論，可見 Rosenthal 與 Rubin（1984）。當計算了整體調整 p 值後，我們要再依公式 2.18 計算對應的效果大小。

有原始資料或依變項間的交互相關

- 創造單一混合變項

當我們可以得到原始資料時，檢視依賴變項間的交互相關可能提示我們，依賴變項間全都有很大的相關。如果是這樣，我們可能要由全部的依賴變項創造出一個混合變項。這麼做的簡便途徑就是對每一個依賴變項都取標準分

數（Z 分數），而 Z 分數的平均值就構成混合變項。此一程序對各變項均同等加權。如果我們有理論理由應加給某些變項較其他變項更大的權值，可以這麼做。任一變項如經 Z 分數轉換，就可以乘上任何我們所欲的權值 w_i。因此，任何受試者在混合變項 z_w 上的 z 分數就可定義為受試者 z 分數的總和（各 z 分數須乘上其權值後再加總）除以所有權值的總和。亦即：

$$\bar{z}_w = \frac{\sum (w_i z_i)}{\sum w_i} \qquad (2.31)$$

其中，$\bar{z}_w$ 是平均加權的 z 分數或是任一受試者的混合變項分數，而 w_i 是給第 i 個 z 分數（z_i）的權值。

舉個例子，設想一個受試者在四個依賴變項上的 z 分數分別是 1.10、.66、1.28、.92，分派給各變項的權值分別是 4、2、1、1，這是依先驗的理論來決定的。因此，應用公式 2.31，我們受試者的混合變項分數（$\bar{z}_w$）就是：

$$\bar{z}_w = \frac{\sum w_i z_i}{\sum w_i} = \frac{(4)1.10+(2).66+(1)1.28+(1).92}{4+2+1+1} = \frac{7.92}{8} = .99$$

如果我們要求混合變項的內在一致性信度的估計值，我們可以依三種不同方式求得：（1）應用 Spearman-Brown 的式子，求各構成變項間交互相關的平均值；（2）依據變異數分析（構成變項在此等分析中成為重複測量因素）計算組內相關；（3）從未轉軸（unrotated）的第一主成分計算 Armor's θ。這三種程序將在下一章中詳細敘述，其他

地方也有摘要（Rosenthal, 1982a, 1987a）。

以求 z 分數法來組合變項還有一替代途徑，就是組合原始分數。這只有在各構成變項的標準差均近似的時候，才是合理的替代方式。否則，變異數越大，該變項在混合變項中就越較其他變項具有支配性，而且這並沒有什麼好的理論理由。譬如，有兩個變項，前者是能力測驗分數，後者是是否被接受入某一大學（分數為 1 或 0）。兩者的變異數分別是：$\sigma=20$，$\sigma=0.50$。把這些變項的兩個原始分數相加，會產生一個新變項，而它幾乎不受第二個變項（被接受與否）的影響。

直接把變項值加起來的作法，在以下情況下經常很有用，就是變項係由他人依特定評量尺度所做的評量，如在認知功能的人格測驗之分支測驗上的分數。不過，原始分數形式的變項切勿在未檢視其標準差之前就加以組合。如果最大與最小的σ之比不大於 1.5，組合就沒有問題。而如果組合的變項數增大，則比值大於 1.5 也還可以忍受。

· 創造單一估計

最近有人提出一種程序，可以讓我們把僅只知道自由度與依變項間典型交互相關的多重依變項將其效果大小加以組合。要舉例說明這個程序需要應用到 Cohen's d（實驗組與控制組的平均差除以合併的σ）此一效果大小。對於一般情形，並為了技術上的細節，應參考 Rosenthal 和 Rubin 的論文（1986）。我們可從下式求出混合效果大小 d_c：

$$d_c = \frac{\sum \lambda_i t_i / [(n-1)/2]^{1/2}}{\left[\rho \left(\sum \lambda_i \right)^2 + (1-\rho) \sum \lambda_i^2 \right]^{1/2}} \qquad (2.32)$$

其中，t_i 是對於第 i 個依變項處理效果的顯著性 t 檢定值，λ_i 是我們（在看到資料以前）賦予第 i 個依變項重要性的權值，ρ 是依變項間的典型交互相關，而 n 是每一組的抽樣單位（如受試者）的數目。或者，如果這些 n 值不相等，則是兩個不等樣本大小的調和平均數（n_h），n_h=2$n_1$$n_2$/（$n_1$+$n_2$）。

就我們的範例來說，假定實驗有相等的 n（所以 n_1=n_2=6），三個依變項的 t 值（自由度為 10）分別為.70、1.37、4.14，依變項間的平均值交互相關（ρ）為.50，而各變項權值均相等，即 λ_1=λ_2=λ_3=1，則：

$$d_c = \frac{[(1).70 + (1)1.37 + (1)4.14]/[(6-1)/2]^{1/2}}{\left[.50(1+1+1)^2 + (1-.50)(1^2+1^2+1^2) \right]^{1/2}} = \frac{3.9275}{2.4495} = 1.60$$

如果我們要以同樣是效果大小估計的 r_c 來表達 d_c，可依下式換算：

$$r_c = \frac{d_c}{\sqrt{d_c^4 + 4}} \qquad (2.33)$$

所以，上例求得：

$$r_c = \frac{1.60}{\sqrt{(1.60)^2 + 4}} = .62$$

我們也可以使用下式檢定組合效果大小估計的顯著性：

$$t_c = \frac{\sum \lambda_i t_i}{\left[\rho\left(\sum \lambda_i\right)^2 + (1-\rho)\sum \lambda_i^2 + \left(1-\rho^2\right)\sum \lambda_i^2 t_i^2 / 2df \right]^{1/2}} \quad (2.34)$$

所以，上例求得：

$$t_c = \frac{(1)(.70) + (1)(1.37) + (1)(4.14)}{\left\{ \begin{array}{l} .50(1+1+1)^2 + (1-.50)(1^2 + 1^2 + 1^2) \\ + (1-.50^2)\left[1^2 \times (.70)^2 + 1^2 \times (1.37)^2 + 1^2 \times (4.14)^2\right]/2(10) \end{array} \right\}^{\frac{1}{2}}}$$

$$= \frac{6.21}{[(.50)(9) + (.50)(3) + (.75)(19.5065)/20]^{\frac{1}{2}}} = \frac{6.21}{2.5945} = 2.39$$

其自由度為 10，單尾時 p<.02（關於比較與組合多重顯著水準而非效果大小的程序，見 Strube, 1985）。

如果對於計算對應於相關依變項之效果大小間的對比有理論興趣，Rosenthal 與 Rubin（1986）曾提出對任何這類對比之效果大小與顯著水準的估計程序。

效果大小指標摘要

在本節裡，我們要集攏各種效果大小指標，包括已被述及的與其他可能被證明有用的那些指標在內。表 2.7 是一個摘要。前四個指標包括了很普遍的 Pearson 的積差相關（r），及三個相關聯的指標。指標 r/k 並非最典型被應用到的效果大小估計值，不過它很可能會是。這裡納入它，是因為它在公式 2.3 與 2.11 所扮演的角色。也就是說，這

個效果大小估計值只需要乘上 $\sqrt{df}$ 就可以得到對應的顯著檢定值 t。而且，很有趣的，指標 r/k 還跟 Cohen's d 有關。如果我們認爲所比較的兩個母群體都一樣爲數眾多的話，r/k 就等於 d/2（Cohen, 1977; Friedman, 1968）。指標 z_r 也不是最典型被應用到的效果大小估計值，而它也很可能會是。不過，它常會在各種後設分析程序中被用作 r 的轉換。Cohen's q 則是作爲兩個相關係數差異的指標，以 z_r 爲單位。

　　表 2.7 中次三個指標都是標準化平均差。三者間僅標準化分母有別。Cohen's d 應用從兩個群體算出的 σ，這兩個群體都用 N 而非 N-1 作爲計算平方和的組內除數。Glass's Δ 與 Hedges's g 則都用 N-1 爲除數求平方和。不過，Glass 只計算控制組的 S，而 Hedges 則計算實驗組與控制組兩組的 S。

　　表 2.7 的最後三個指標有兩個是來自 Cohen（1977）。Cohen's g 是兩個比例——即求得的比例與 .50 的比例——的差。指標 d 則是兩求得比例的差。Cohen's h 也是兩求得比例的差，不過是在比例被轉換成角度（測量單位爲弳，radian，約等於 57.3 度）以後。

　　還有許多效果大小指標可以列出來，譬如 Kraemer 與 Andrews（1982）及 Krauth（1983）所描述的：比較中位數而非平均數時的效果大小估計值。這裡沒有描述這些，因爲積差相關（來自連續性分數、順序、或二分類資料）就可以用在這些地方。我們特別把 r^2、eta^2、ω^2、ε^2 等說明變異比例的指標都排除在外。如我們將在末一章見到的，這些指標在較低的水準時都會造成誤導。此外，在分子自

由度大於 1 時，基於 F 檢定所做的後設分析工作都沒有什麼用。

表 2.7 效果大小指標的三種類型

	效果大小指標	定義
積差相關（r）與 r 的函數	Pearson's r	$\Sigma\,(z_x z_y)\,/N$
	r/k	$r/\sqrt{1-r^2}$
	z_r	$\dfrac{1}{2}\log_e\left[\dfrac{1+r}{1-r}\right]$
	Cohen's q	$Z_{r_1} - Z_{r_2}$ [a]
標準化平均差	Cohen's d	（M_1-M_2）/合併的 σ
	Glass's Δ	（M_1-M_2）/控制組的 S
	Hedges's g	（M_1-M_2）/合併的 S
比例間差異	Cohen's g	p-.50
	d'	p_1-p_2
	Cohen's h	$p_1^b - p_2^b$

a. 　這是作為兩效果大小差量指標的效果大小。

b. 　P 值先要被轉換成角度，用弧來測量：$2\arcsin\sqrt{p}$。

3

擷取與評量研究結果

本章描述並說明尋找與擷取研究結果的程序，
討論這些程序的信度。描述各種類型的錯誤、其防
制與修正。最後，討論研究結果品質的評量。

只要是認真的檢閱一個研究題域（domain），不管是
用傳統或是後設分析的方式，原則上並沒有什麼差別。兩
種方式都是要得到全部的研究結果。也許有些後勤或經費
上的理由會限制我們僅檢閱已發表的作品，但是如果我們
的目的是擷取某種關係的研究證據，那麼並沒有什麼學術
上的理由自我設限。在我們擷取了所有可擷取的研究結果
以後，我們還需要評估結果的來源是不是顯著而實質地關
聯到所進行的研究之品質與所得效果的強度。如果是，我
們可以就各種訊息來源及各種所進行的研究之品質水準分

別呈現後設分析結果。

擷取研究結果

尋找研究結果

　　尋找研究結果已經不再是花幾個小時，翻閱一下心理學摘要、社會學摘要、兒童發展摘要、語言與語言行為摘要或社會與文化人類學國際目錄等書即可，而是遠爲複雜的工作。電腦擷取系統不僅已經有了，而且日益擴充、改善，速度之快，使得僅有很少數的社會科學家能夠真正成爲訊息擷取方法的專家。這是資訊專業者的領域。有一篇爲後設分析者所準備的很有用的論文，由有經驗的參考書圖書管理人員撰寫，談資訊擷取，論列如何嚴格擷取一研究題域的結果所需細節（M. Rosenthal, 1985）。

　　當該篇論文所描述的資源已獲適當應用時，包括檢視過被擷取之文件的參考書及與一研究題域之有貢獻之人通訊，取得其未發表之手稿及其對其他未發表著作所在之處的建議，我們會發現有四類主要的文獻：（1）書，包括原著書、編輯書、被編輯書之篇章等；（2）期刊，包括專業期刊、有發表之通訊、雜誌與報紙等；（3）學位論文，包括博、碩士與學士論文等；（4）未發表著作，包括技術報

告、專案研究計畫、專案報告、未在研討會論文集發表之會議論文、ERIC 報告、影片、卡式錄音帶、其他未發表材料等。

- 訊息來源的信度

本節的目的是在呈現一項新的分析結果，這結果顯示：就一後設分析之樣本看，在四類文獻中，所得到的平均效果大小有很高的信度。這些分析的原始資料來自 Glass 等人（1981, pp.66-67）。其中呈現了對各種議題的十二個後設分析的結果。對每一後設分析，都至少從兩個不同的訊息來源估計其效果大小（Glass's Δ或 Cohen's d）。

表 3.1 顯示了：六個可能的訊息來源配對、予每一來源配對提供效果大小估計值之後設分析的數目、在每一配對的兩個來源間所得到的信度（計算所有經過後設分析的題域）及所得信度的 p 水準。中位數（加權與未加權）信度為.87 與.85，而加權平均 r 為.83，顯示在各個訊息來源配對之間平均而言有很高的信度。在此，並沒有什麼可以支持說：某些訊息來源較其他來源容易造成誤導。基於這十二個後設分析，我們可以下結論說：如果後設分析發現一個訊息來源有較大的效果大小，也就可能從其他的訊息來源發現較大的效果大小。

表 3.1　訊息來源的信度，就一後設分析樣本看

來源配對	後設分析數（n）	來源信度（r）	信度的 p 水準
期刊；學位論文	10	.89	.0005
期刊；未發表	7	.65	.06
學位論文；未發表	7	.85	.008
書；期刊	6	.82	.025
書；學位論文	4	.96	.02
書；未發表	3	1.00	.005
中位數	6.5	.87	.014
加權後中位數	7	.85	.008
加權（n-2）後平均數		.83	

- **訊息來源間的差異**

　　訊息來源的信度很高，並不必然意味著就一後設分析檢閱而言，各來源的效果大小估計值會一致。兩個來源間可能有完美的信度（r=1.00），但是，只要在每一後設分析中恆有差異，就會有極不同的估計效果大小。本節的目的是在呈現一項新的分析，探索訊息來源間在所發現的平均效果大小上的系統差異。分析的原始資料仍來自 Glass 等人（1981, pp.66-67）。

　　對於十二項後設分析的每一個，都把提供相干訊息的全部來源的平均效果大小報告出來。如果十二項後設分析的每一個都有四種訊息來源，那麼我們就能夠對我們的問題提供較簡單的答案，只要檢視從全部四個來源所得到的平均數或中位數即可。不幸，十二個後設分析中只有三個可從全部四個來源中提供資料。在可能的四十八個（12×4）

估計值中，缺了十三個。在這種情況下，比較每一訊息來源的總平均值或中位數，會混淆了訊息來源和所要摘要的題域。

　　表 3.2 是準備用來作為一個概略的指引，以顯示上述混淆可能構成問題的或然率。它顯示從期刊訊息所得到的中位數效果大小，而在這些後設分析中，有些有、有些沒有其他的訊息來源。因此，沒有書做訊息來源的後設分析，其中位數效果大小為.64；而有書做訊息來源的後設分析，其中位數效果大小則為.44。由此可見，我們可能錯誤地下結論說：書比期刊低估效果大小。而實際上卻是：那些顯示較小的效果大小（照期刊訊息的界定）的研究題域湊巧有書作為其訊息來源。

表 3.2　對有無其他訊息來源時的後設分析從期刊訊息求出之中位數效果大小

訊息來源	有來源	無來源	平均差	平均值
書	.44[6][a]	.64[6]	-.20	.54
學位論文	.51[10]	.40[2]	.11	.46
未發表	.50[7]	.49[5]	.01	.50
平均值	.48	.51	-.03	.50[b]

a.　括弧中所列為中位數所依據的後設分析數。

b.　只依據期刊訊息的全部十二個後設分析的中位數也是.50。

　　表 3.2 顯示，有沒有未發表的材料無關於從期刊來源所估計的效果大小。這意味著不會因為沒有某項研究而造成偏誤，像有沒有書作為訊息來源那樣。由學位論文帶來的訊息的結果顯示，有學位論文的後設分析略微傾向與較大

的效果大小相關（照期刊訊息的界定）。此處的資料因為不夠大，還不足以保證有穩固的結論，但是資料已足夠提示我們，應該評估訊息來源間的差異，以修正抽樣偏誤。我們可以如表 3.3 那樣，考慮每一類與其他每個來源形成配對的來源，以完成這樣的修正。

表 3.3　從四種訊息來源求出之效果大小配對比較

來源配對	後設分析數	第一平均值Δ[a]	第二平均值Δ[a]	平均差	中位數差
期刊；學位論文	10	.56	.30	.26[b]	.22
期刊；未發表	7	.56	.64	-.08	.05
學位論文；未發表	7	.31	.64	-.33	-.07
書；期刊	6	.34	.42	-.08	.00
書；學位論文	4	.40	.27	.13	.14
書；未發表	3	.31	.68	-.37	-.09

a.　注意：我們的目的不是要估計從特定訊息來源求出之平均效果大小，因為那會很受進行後設分析的區域的影響。我們的目的是要盡可能估計從各種訊息來源所求出的平均大小間的差異。

b.　這是唯一顯著的平均差，$t(9)=4.78$，$p=.001$，雙尾（如依符號檢定也是 $p=.001$）。

　　表 3.3 的第一、第二欄顯示兩個配對的訊息來源與後設分析數，每個配對比較即以此為基礎。第三、第四欄則為分別從第一、第二個來源所得到的平均效果大小（Δ）。第五欄為從第一欄減去第二欄後的平均差。最後一欄，也許也是最重要的，是每一配對組合的 n 個差異分數的中位數。唯一顯著的平均差顯示，從期刊所得效果大小較從學位論文所得者要大（平均數與中位數的差分別為Δ=.26 與.22）。這些結果支持 Glass 等人的結論（1981），不過，此處的配

對分析在控制了議題與來源的混合作用以後差異比 Glass 等人所報告的大了 37%到 63%。

在從期刊與從未發表材料間所得到的平均效果大小並沒有明顯的差異。平均差異偏好後者，差達.08 個Δ單位，中位數差異偏好後者，差達.05 個Δ單位。這樣的分析結果強烈暗示：那些聲稱未發表（是可擷取而非未擷取的）研究比已發表研究之結果偏誤較大的人更有責任提出證明。

平均說來，學位論文比未發表研究所得到的效果大小要小，但是，如果不用平均差而用中位數差，其差異就會大幅縮小。

書與期刊的效果大小頗為近似，但是書似乎比學位論文效果大小稍大些。最後，書比未發表論文效果大小要小些，不過，如果 n 很小（3），中位數差並不大，甚至平均差大到.37，也可能只是抽樣的波動（p=.45）。

表 3.3 的資料無法簡單做出摘要。要保留比較時的配對性質的一個暫時性的方法是：依序考慮四種來源的每一個與其他每一種來源的配對比較，並報告這些比較的全部中位數。表 3.4 顯示，期刊論文、未發表手稿與書大體上都很難區分。不過學位論文所得到的效果大小就很明顯地小於其他三種訊息來源，差距約為一個標準差的 1/5。

我們如何說明學位論文產生較小的效果大小這種偏誤呢？Rosenthal 與 Rubin（1978）在其所進行的後設分析中有一部分的分析可能有助於說明這一點。他們對有關人際期望效果的三百四十五項研究進行研究。他們對學位論文與非學位論文研究計算個別分析，並發現學位論文所得到

的效果平均來說確實小得多。對樣本裡的三百四十五個研究，每個都再依其研究者是否曾努力去控制記錄錯誤，或實驗者或教師是否欺騙，加以分類。

表 3.4　從每一來源求出之效果大小對所有其他來源之配對比較

來源	配對比較數	中位數差
期刊	23	.13
未發表	17	.07
書	13	.07
學位論文	21	-.20
絕對中位數	19	.10

表 3.5　應用或未應用特殊控制程序之學位與非學位論文研究的平均效果大小（d）

	學位論文	非學位論文	未加權平均值	加權平均值
特殊控制	.78[18][a]	.54[25]	.66	.64
未特殊控制	-.09[14]	.75[288]	.33	.71
未加權平均值	.345	.645	.495	
加權平均值	.40	.73		.70

a.　平均值所依據的研究項數顯示於括弧中。

　　表 3.5 顯示了學位論文與非學位論文所得到的平均效果大小，不管有沒有特別去控制有意或無意的錯誤。在四組估計平均效果大小中大多數的變異（93%）都是因為學位論文沒有特別去控制，而不同於其他三組研究；其他三組研究間差異較小。這樣的結果提示：學位論文之所以傾向於得到較其他訊息來源要小的效果大小，主要可能是由於學位論文執行時較不謹慎。

在離開關於學位論文與其他訊息來源的比較之前，我們應該提醒一點：在對有意或無意的錯誤進行特殊控制的研究中，學位論文的代表性顯然有過度膨脹的情形。是學位論文與有應用特定控制間的相關為.42（χ^2（1）=62.0，N=345，p<.0001）。在非學位論文中，只有 8%應用特定的控制，而學位論文中則為 56%。所以，典型的學位論文可能比典型的非學位論文做得更謹慎。也許這是由於學位論文口試委員常很誠實地把關之故。

擷取研究結果

一旦我們將某些研究納入後設分析中了，我們就要決定從每一文件中要擷取那些訊息。從上一章中，我們知道，我們要不斷地記錄顯著水準和效果大小，如果缺了某一項，假如知道研究的大小則可加以估計。但是，除此之外，我們還要對每一研究記錄什麼呢？當然，答案是要看我們後設分析的目的而定。我們不妨先舉一些例子，看從研究中擷取訊息有些什麼有用的格式。

· 人際期望效果

從 1960 年代初起，筆者就開始針對實驗者（或教師、醫師）期望從受試者（或學生、病患）得到反應所生效果之研究進行後設分析。就每一擷取之研究，一律記錄如下的訊息：

1. 完整的參考書目，做爲目錄。
2. 作者全名與地址，以便洽索該項研究之進一步訊息，如工作進展或其他人在同一題域的工作等。
3. 資料蒐集者的性別，因爲資料蒐集者的性別可能會關聯到所得的結果。
4. 資料蒐集者的地位，譬如研究人員、博士候選人、研究生、大學生等。因爲已經發現資料蒐集者的地位會影響所得到的結果。
5. 資料蒐集者與後設分析者的關係，以便於計算所得結果和他們與後設分析者熟識程度間的關係。
6. 受試者的性別，被當作受試者、學生或病患者每種性別的人數。
7. 受試者樣本的性質，亦即在何處及如何取得該樣本。
8. 實驗者的性別，作爲實驗者、教師或醫師每種性別的人數。
9. 實驗者樣本的性質，亦即在何處及如何取得該樣本。
10. 實驗者的相對地位，因爲如果實驗者與受試者地位的差距越小，期望效果也越小。
11. 受試者的工作、測驗或其他行爲，構成依賴變項。
12. 不尋常的設計特質，譬如使用交叉滯後長期追蹤分析（cross-lagged panel analysis）、變異數分析、共變數分析、偏相關、因徑分析等程序，強化因果推論而非實驗。
13. 額外的控制組，好比拿高低誘導期望（induced-expectancy）條件與隨機配置無誘導期望受試者組來比

較。

14. 欺騙與（或）觀察者錯誤的程序控制，好比將所有互動過程拍照、錄影或其他方式監控，或者用其他方式校對實驗者的記錄。

15. 調整變項，即關聯著所得結果差異、其效果方向、效果大小與顯著水準等的變項。

16. 銜接資料，即實驗者、教師或醫師將其期望傳遞給受試者、學生或病患的過程所導出的任何結果。

17. 期望效果，即實驗者、教師或醫師的期望的效果之效果大小（包括方向）與顯著水準。

・ 心理治療結果

　　Glass 和其同事（1981, pp.80-91, 233-237）在其心理治療結果實驗的極具潛力的後設分析中，應用了較詳細的擷取類型。他們將其過錄工作分成方法與實質特質，摘要如下：

　　方法特質。這些包括：（1）發表日期；（2）發表類型；（3）實驗者的盲目程度；（4）找到求診者的方式；（5）求診者被配置到某種情況的方式；（6）每種情況失去求診者的情形；（7）內部效度；（8）實驗者對結果的可能偏好；（9）結果測量的反應。

　　實質特質。這些包括：（10）實驗者的專業題域；（11）求診者與治療者的類似性；（12）求診者的診斷；（13）之前的住院期；（14）典型求診者的智力；（15）治療的方式（個別或團體）；（16）治療的場所；（17）治療期；

（18）治療者的經驗或地位；（19）結果測量；（20）心理治療類型；（21）決定治療類型的可信程度；（22）效果大小。

- ### 族羣與社會階級在成就需求上的差異

Harris Cooper（1984）在比較族群與社會階級在成就需求上的差異時應用了焦點集中的擷取類型。其過錄紙主要有：（1）完整摘引；（2）參考來源；（3）受試者的性別，就被比較的兩組而言，每一性別的樣本數；（4）每組受試者的平均年齡；（5）每組的地理位置；（6）對每組的其他限制；（7）每組的族群；（8）每一族群成就需求的平均值與標準差；（9）所應用之顯著檢定與自由度誤差類型；（10）所得檢定統計值；（11）所得 p 水準與效果大小；（12）結果方向；（13）每組的社會階級；（14）每組標準化對非正式社會階級測量；（15）每組的分類基礎，包括：職業、薪水、社會地位或其他；（16）每一社會階級群成就需求的平均值與標準差；（17-20）即前述 9-12 項按社會階級比較再重複一次；（21）包括 TAT（n-Ach）、法國洞察力測驗、加州心理學項目表或其他等依賴測量；（22）與族群或社會階級互動的變項。

- ### 建構一擷取研究結果之格式

檢視過前面三個擷取格式，會有助於建構新的格式。使用這些例子及一些自由聯想，初入門的後設分析者可建立一初步表格。可以拿這個表格和同事、指導者討論，聽

取建議，看有什麼其他變項可以納入。最後，修訂好的表格可送給後設分析領域的工作者，請其提議還有什麼其他變項應該被過錄的。

擷取的信度

・ 研究結果所在處定位的信度

　　知道研究結果所在處定位的信度會有幫助。如果有兩個後設分析者著手就相同研究問題擷取相干的研究結果，他們所得到的會有多雷同呢？對這個問題目前還沒有經驗答案。我們的確知道，如果每一後設分析者只用一個（或二個）研究索引，每個人都將漏失相當比例的可擷取研究（Glass et al., 1981, pp.63-65）。然而，要想能做徹底的擷取，就必須涉獵更多的研究索引才行（M. Rosenthal, 1985）。

　　究竟要怎麼樣來確定兩個後設分析者的情境中界定信度的相關，還並不清楚。我們是否應該建立一個 2×2 的表，以欄位代表第一位後設分析者的選擇（也就是包括對不包括在分析中），以列代表第二位後設分析者的選擇（也就是包括對不包括在分析中）。那麼，如果是兩種分析都不包括的格子要輸入什麼呢？會是成千成萬與分析不相干的研究嗎？不管是什麼定位研究結果所在的信度的計算（或定義）問題，不管研究摘要過程是傳統的還是後設的，問題還是都相同。

- **過錄研究特質的信度**

當我們在擷取了研究特質而試圖估計研究過錄之信度時，我們可以做得比以往好得多。有一些研究已經報告了由兩位評量者所過錄的特定項目之同意比例。

表 3.6 陳示了兩項這類研究的摘要。第一項研究是由 Stock，Okun，Haring，Miller，Kinney 與 Ceurvorst（1982）所進行，而第二項研究則由 Jackson（1978）所進行。對每一研究而言，都給予一些樣本項目做為示範，說明各不同的同意比例（從.50 到 1.00）的項目。中位數同意比例很大，但是假如能提供相關而不只是同意比例，我們對於這些資料的解釋可以有更大的信心。有可能同意的比例幾近完滿，相關係數卻僅為.50。在 Lewin 與 Wakefield(1979)、Rosenthal（1982a, 1987a）、Wakefield（1980）以及我們後面對實效（effective）信度的討論中，特別是本章末一節論積差相關時，對此問題有更詳盡的討論。

- **顯著水準與效果大小估計值的信度**

也許我們最想以最大的信度進行過錄的兩件事就是結果本身，也就是被界定為顯著水準與效果大小估計值的結果。不幸，顯著水準的估計值本身似乎並沒有信度資料。我們接近 Cooper 與 Rosenthal（1980）稍早所描述的研究之原始資料。該研究有一部分是要十九位後設分析者決定一組七項研究是不是支持拒絕虛無假設。從 19×7 資料矩陣的變異數分析，我們可以計算出組內相關，這類似於評判者間的平均信度。對於這十九位後設分析者而言，相關

為.969，信度極高。如果是要估計準確的 p 水準（而不只是決定要接受或拒絕），且後設分析者甚至還不一定是否擷取到相同的研究，而又可能使用不同的程序來組合 p 水準，信度當然就比較低。

表 3.6　求得各種不同一致性比例之項目的範例

一致性比例	研究 1	研究 2
1.00	中位數年齡	期刊名稱
.96-.99	平均年齡	有用研究索引嗎？
.92-.95	年齡範圍	有被引用的研究嗎？
.88-.91	總計 N	有做次級分析嗎？
.84-.87	有報告中位數年齡嗎？	有特別評語嗎？
.80-.83	二變異量關係類型	關係存在嗎？
.70-.79	抽樣程序類型	先前檢閱的評語爲何？
.60-.69	—	不直接相干而被引用的研究之比例
.50-.59	次樣本總數	檢視交互作用效果之研究的比例
.40-.49	—	有應用主要途徑裡的調查嗎？
項目數	25	65
範圍	.57-1.00	.44-1.00
前 25 到 75 百分位	.86-.965	.71-.87
中位數	.92	.79

　　如果轉向效果大小的估計，Glass 等人（1981）提供了相干的資料。他們有六項研究，每項由兩位評判員計算 Glass's Δ，作爲效果大小估計值。在各對評判員間的平均絕對差異僅爲.07 個標準差單位（Δ）。平均算數差異更小，爲.01 個標準差單位。然而，信度是依相關係數而非平均差來編索引，原則上，有可能平均差很小（也就是說，在平

均評量上有極高度的一致），卻有很低的信度。在現在這個情形下，不會發生這種事情。就這六項研究而言，每個研究有兩位評判，組內相關為.993。

如果未來的研究得到更低的信度，Glass 等人將不會感到意外，我也一樣。如前一位作者所指出的，雖然Δ（及效果大小估計值）的界定很簡單，但是在實際操作中，必須做出評量、必須做出假定、還要做一系列的計算，而且所有這些都要由訓練得一樣好、一樣有經驗的後設分析者來做，也許還做得不太一樣。

評估研究結果

改正研究結果

本節的目的是要強調：犯錯是常態。後設分析者會犯錯，摘要研究的作者也會犯錯。如果後設分析者小心地閱讀原始論文常會顯現出錯誤來。幸運地，這些錯誤通常都可以在應用後設分析程序以前就被改正（Rosenthal & Rubin, 1978）。

有一種錯誤類型後設分析者很難加以改正，甚至難以診斷出來，就是當原始研究者得到資料時記錄資料的錯誤。記錄錯誤多常發生？如果確實發生了，它們會偏袒研究者

的研究假設嗎？立基於之前對此議題的努力（Rosenthal, 1978b），我才能爲本書蒐集二十七項研究，它們可以就這兩個問題提供一些最近的訊息。因爲這些研究大多數都被設計至少部分允許對錯誤率做量的評估，所以它們不能被視爲一般行爲研究的代表。不過，我們沒有辦法知道，這些研究是不是會產生高估或低估犯錯率的情形。這二十七項研究在研究題域和資料蒐集地點上都非常廣泛，譬如，研究題域包括：反應時間、人的知覺、人與動物的學習、工作能力、心身的評量、問卷回覆、教室行爲、精神感應術等。除了行爲研究之外，還有法律研究與健康研究的案例。雖然在各種類別中並沒有足夠的研究可容許敏感比較，但是在研究題域和記錄錯誤率間或和真正發生錯誤卻被偏誤的可能性間，似乎並沒有清晰的關係。

在大多數研究中，都是依記錄者記錄所見到或聽到的答案時之記錄錯誤來界定什麼是錯誤。但是，有些情形下，需要記錄者做些簡單的計算，因而，觀察者的錯誤就沒辦法和計算錯誤區分開來。不過，在這種情形下，這種結果極爲近似對簡單記錄錯誤之研究的結果，而至少在我們當下的目的裡，它們可以很安全地放在同一類組當中。

有一點也很重要的，就是幾乎所有二十七項研究的觀察者都滿意地結束了他們的觀察，卻不知道要進行錯誤校對。因此，不管是可以進行什麼樣的校對或正要進行什麼樣的校對，在錯誤分析的時候已經做過了。因此不可能錯誤的估計值會因爲觀察者沒有完成他們的校對工作而被膨脹。

並不是所有的研究都會提供直接可用形式的資料，而有必要要從所得到的資料中做些估計。譬如，研究者可能會順便提到觀察者誤記了十個答案，但是卻未指出總共記錄了多少觀察。不過，如果研究者報告說：有五名觀察者，每人蒐集十位參與者的資料，而後者每人做了二十項回答（也就是 5×10×20=1000）。如此則常可對總數做合理的估計。

　　表 3.7 顯示了這二十七項研究的每一個所涉入的觀察者數、所做的記錄數、犯錯數、錯誤記錄佔總數的比例、偏袒觀察者假設之犯錯比例等。表 3.8 與表 3.9 呈現了錯誤的觀察比例與偏袒觀察者假設之犯錯比例的枝、葉展開圖與有力的摘要統計（Rosenthal & Rosnow, 1975; Tukey, 1977）。Tukey（1977）發展出枝、葉展開圖，作為次數分配的特殊形式，以便能檢視一束（batch）資料。資料束中的每個數目都由一枝一葉組成，但是一枝可能配置數葉。因此，記錄錯誤之下的第七枝是一個 1，接著的是兩葉 59 與 69，這是代表 1.59 與 1.69 兩數。第一位數是枝，後兩位數是葉。枝葉展開圖看起來就像其他的次數分配一樣，但是原始資料在枝、葉展開圖裡比一般的次數分配中被保留得遠較精密。

　　從表 3.7、3.8、3.9 中，我們注意到，典型記錄犯錯率大約是 1%，但是，偶然會有些研究錯誤率可能高達 48%以上。通常，如果是依據類推的方式而不是數位制來記錄的話，我們會預期有很高的錯誤率。因此，讀類推的溫度計數 98.6 度，如果數位讀取結果顯示真正溫度為 98.63 度時，

前者就可能被認爲是錯的。超常的錯誤率與其說是反映任何實際測量上的問題，毋寧是反映過度精密的判準。

　　這三個表也提示了：在所犯的觀察錯誤中，大約三分之二支持觀察者的假設，而如果觀察者沒有偏誤，則只會發生一半的錯誤（假如每個研究都按所犯錯誤數加權，則對於偏誤不等於零的總檢定會得到 Z=4.88，p<.000001）。

　　發現資料有時候會被記錄錯誤，這沒有什麼好驚訝的。不過，現在我們多少知道了這些錯誤有多常發生。典型的錯誤率 1%是很低的，即使不檢查這些錯誤，對我們的研究結論也不會有多大的影響。在一些研究中，有沒有改正錯誤對於資料分析都沒有什麼差別，雖然偏誤的錯誤偶然會讓結果跨過.05 這個魔術崖壁（Nelson, Rosenthal & Rosnow, 1986; Rosenthal & Gaito, 1963, 1964）。研究者強調信賴區間、效果大小以及所得的 p 水準，如此比起研究者只是嚴格遵循虛無假設的決定程序來，較不會被資料中某些典型程度的錯誤的存在所誤導（Snedecor & Cochran, 1967, p.28）。

　　表 3.7、3.8、3.9 的結果還有一些蘊涵的意義。我們應該繼續追蹤錯誤率與觀察者的偏誤大小，並盡可能減少錯誤。排除一切錯誤也許並不可能，從成本效益的觀點來看也未必好。要減少錯誤需要付出成本，而當錯誤剩下很少的時候，要排除每一錯誤所付出的成本可能越來越大。如果爲了讓準確率從 99.0%增加到 99.9%，必須放棄一半的研究作爲代價，我們可能會覺得不智。

表 3.7　在二十七項研究中的記錄誤差

研究	觀察者（N = 711）	記錄（N= 219,296）	誤差（N= 23,605）	誤差百分比	偏誤百分比
1. Kennedy & Uphoff	28	11,125	126	1.13	68
2. Rosenthal et al., 1964	30	3,000	20	0.67	75
3. Weiss, 1967	34	1,770	30	1.69	85
4. Persinger et al., 1968	11	828	6	0.72	67
5. Jacob, 1969	36	1,260	40	3.17	60
6. Todd, 1971	6	864	2	0.23	50
7. Glass, 1971	4	96	4	4.17	33
8. Hawthorne, 1972	18	1,009	16	1.59	19
9. McConnell, 1955	393	18,000	0	0.00	—
10. Rosenthal & Hall, 1968	5	5,012	41	0.82	—
11. Doctor, 1968	15	9,600	39	0.41	—
12. Compton, 1970	9	3,794	36	0.95	—
13. Howland, 1970	9	360	9	2.50	—
14. Mayo, 1972	15	688	0	0.00	—
15. Eisne et al., 1974	12	9,600	66	0.69	—
16. Rusch et al., 1978	2	46,079	22,339	48.48	—
17. Marvell, 1979	2	2,156	52	2.41	—
18. Fleming & Anttonen, 1971	—	89,980	558	0.62	—
19. Goldberg, 1978		5,600	40	0.71	—
20. Tobias, 1979		4,221	141	3.34	—
21. Tobias, 1979		4,254	40	0.94	—
22. Johnson & Adair, 1970	12	—	—	—	62
23. Johnson & Adair, 1972	12	—	—	—	58
24. Ennis, 1974	42	—	—	—	74
25. Rusch et al., 1974	2	—	—	—	36
26. Johnson & Ryan, 1976	6	—	—	—	91
27. Johnson & Ryan, 1976	8	—	—	—	65
中位數	12	3,794	39	.94[a]	64[b]

a.　依記錄數加權後中位數=.62。
b.　依記錄數加權後中位數=.68。

表 3.8　記錄誤差與偏誤率的枝葉展開圖（百分比）

記錄誤差 枝	葉							偏誤 枝	葉				
48.	48[a]							9	1				
								8	5				
4.	17[a]							7	4	5			
3.								6	0	2	5	7	8
3.[b]	17	34						5	0	8			
2.	50							4					
2.[b]	41							3	3	6			
1.	59	69						2					
1.[b]	13							1	9				
0.	62	67	69	71	72	82	94	95					
0.[b]	00	00	23	41									

a.　介於 4 到 48 之間的枝予以刪除，以省空間。

b.　將枝分為上下兩半，使分配擴展開。

表 3.9　記錄誤差與偏誤的摘要統計值

	記錄誤差 （百分比）	偏誤 （百分比）
最大值	48.48[a]	91
第三四分位數（Q_3）	2.46	74
中位數（Q_2）	0.94	64
第一四分位數（Q_1）	0.64	46
最小值	0.00	19
$Q_3 - Q_1$	1.82	28
$\sigma[.75（Q_3 - Q_1）]$	1.36	21
S	10.35	20
平均值	3.58	60
N	21	14

a.　此值係明顯偏離值（outlier），亦即其以遠小於.001 的 p 值偏離
　　其餘記錄誤差率分配。在捨棄最高與最低分後分配平均值為
　　1.41。

最後，要讓錯誤對我們的假設維持隨機性，不致增加型 I 誤差，可以有一些辦法。我們可以讓資料蒐集與分析的程序盡可能保持盲目狀態，且盡可能持續如此。

錯誤幾乎是普遍的，但是，當然，聽到這一點並沒有理由感到高興，即使它們通常因為小並不會造成很大的損害。但是如果對錯誤有普遍了解，一個可能的好處是：會產生一種比目前一般對待錯誤的態度更為工作取向的態度。目前的態度常是：（他們）差勁的科學家才會犯錯，（我們）好科學家是不會犯錯的。基於此種態度，當我們重新分析其他人的資料時，如果發現有錯誤，可能會很生氣，或者覺得優越。但是要記住，我們的目標不是要顯示某人答案錯了，而是要使答案正確。也許如果我們抱持這種工作取向的態度，研究者會更樂於讓他人來檢視他們的資料。也許還會大幅減少火燒原始資料的次數，這個次數超過了可接受的極限（Wolins, 1962）。

評量研究結果的品質

在之前對於擷取信度的討論中，我們檢視了與所擷取的研究之各種特質的過錄準確性相關的證據。我們發現，過錄者對於受試者的平均年齡與刊登研究之期刊等變項上的一致性很高。而某些需要較大程度個人判斷的特徵一致性就比較低。在本節中，我們繼續討論信度，但強調點是在某項研究對某項議題探索的好壞，而不是該研究究竟做了什麼。

對後設分析的主要批評之一是：壞的研究跟好的研究一樣被摘錄。聰明的後設分析者致力於找出所有的研究，不管研究是好是壞。當找到了所有可擷取的研究以後，就可以決定是否要使用任一個研究。對每一個所擷取的研究，都要經過相同的決定：這個研究該如何加權？排除一項研究，也就等於是給它零的權值。如果有研究品質的向度（如內部效度、外部效度等），就可以有一對應的加權系統。如果我們認為某項研究有另項研究兩倍好，我們可以給它兩倍、四倍等的權值。

　　不過，在給研究品質的權值時，也就是說，我們可以給其結果為我們所好的研究較高的權值，給我們所惡的研究較低的權值（Glass, 1976）。理想的作法就是找一些優秀的方法學者來對每項研究進行過錄，這些學者必須對此處所探究的題域不曾涉足。他們要做兩次的品質評量，一次是在僅閱讀過方法一節後，另一次則在閱讀過方法與結果兩節後。第一次的評量是為了確保有一次的評量是在評量者知道研究結果以前所做。我們在閱讀結果之前，至少應該能夠評估與內部與外部效度有關的設計特質。

　　我們要求方法學者所做的判斷，可以從對總品質的最一般性的問題到設計品質、統計分析品質、區位（ecological）效度的品質等的中介問題，到一系列特定的問題，如：受試者是否採用隨機配置？在變異數分析中誤差獨立的假定是否符合？不管是否高度特定的變項有經過判斷，最後，一個關聯著品質的總變項（或是少數相當一般性的變項）會被建構起來，並與所得到的效果大小相關（Glass et al.,

1981; Rosenthal & Rubin, 1978）。

　　Glass 等人（1981）曾經提供了極具說服力的證據，在典型後設分析中，在研究品質與所得到的平均效果大小間並沒有很強的關係。雖然如此，是否有這樣的關係存在應該就每一項後設分析裡所討論到的問題分別予以評估。一旦方法學者評估過每個品質研究，我們還得評估評估者。經驗性的評估是要確定其信度。對於研究品質的複雜判斷，我們不預期會有極高的信度係數（Fiske, 1983）。雖然如此，我們需要知道信度，這有幾個理由。也許主要理由是：知道信度可提示我們是否需要增加判斷研究品質所需樣本。

品質判斷的信度

・　實效信度

　　設想我們在後設分析中對研究的品質有兩個評判者。我們要計算可反映兩個評判者評分間信度的相關係數，以得到最佳的（也是唯一的）相關估計，亦即從相同的評判者母體中抽取到的任兩評判者間所可能得到的最佳相關估計值。這個相關係數很明顯會有用。但是，它並不是我們的變項的信度的良好估計。它不是由單一評判者所做的品質評分，而是兩個評判者評分的平均。譬如，設想兩個評判者所做的品質評分間的相關是.50，而兩個評判者評分之平均的信度，也就是「實效」信度，會是.67，而不是.50。直覺告訴我們，如果增加第二位評判者的評分，會增加信度，因為第二位評判者的隨機誤差傾向於消除第一位評判

者的隨機誤差。直覺更提示我們，增加更多的評判者，他們全都大約相同程度地彼此一致（由這裡評判者間平均相關係數.50所界定的一致程度），應該會增加我們的「實效」信度。

我們的直覺可以得到 Charles Spearman 與 William Brown 在 1910 年（Walker & Lev, 1953）的獨立報告中著名而歷久不衰的結果的支持。此處將代號改變以符合我們現在的目的，則著名的 Spearman-Brown 的結果是：

$$R = \frac{nr}{1+(n-1)r} \qquad (3.1)$$

其中，R 是「實效」信度

　　　n 是評判員數

　　　r 是在所有 n 個評判員間的平均信度（也就是 n(n-1)/2 相關的平均）。

使用這個公式要假定一組可比較的評判員會顯示他們之間可比較的平均信度和我們實際有的一組評判員。這個假定實際上和各對評判員都顯示大體相同程度信度的情形是一樣的。

為幫助研究者應用這些及相關的方法，表 3.10 就準備要應用 Spearman-Brown 公式。

此表對每一不同 n 值（從事觀察之評判員數）均給予實效信度 R，以及評判員間的平均信度 r。這麼做是要幫助得到下面各題的近似答案：

1. 已予得到的或估計的平均信度 r，以及 n 個評判員之樣

本，則評判員平均值之近似實效信度 R 爲何？在本表
中，適當的列（n）與行（r）的交點處即爲 R 的值。

2. 已予得到的或想要的實效信度的值 R，以及現有評判員
數 n，則所要的平均信度的近似值 r 爲何？本表中有對
應於現有 n 個評判員的列，要讀過去，直到碰到最接近
所要的 R 值爲止。而 r 的值則是在對應欄的標題處。

3. 已予得到的或估計的平均信度 r，以及得到的或想要的
實效信度的值 R，則所要的評判員之近似數（n）爲何？
表中有對應於平均信度 r 的欄，要讀下去，直到碰到最
接近所要的 R 值爲止。而 n 的值則是在對應列的標題
處。

下面對前面的每個問題都舉個有用的例子：

1. 後設分析者想要採用應能顯示平均信度.5 的品質變項，
而這時候他們只能負擔四個評判員。他們相信僅當實效
信度達.75 或更高的時候才應該繼續此項研究。那麼他
們應該繼續這項研究嗎？答案：是的，因爲表 3.10 顯
示，當 n 爲 4 而 r 爲.5 時，R 達到.80。

2. 後設分析者有二十個評判員樣本，要求在實效信度不小
於.9 的時候才定案。那麼，在他們選擇讓這些觀察者評
判的品質變項時，他們可接受的最小平均信度爲何？答
案：.30。

3. 後設分析者知道他們選擇的變項有.4 的平均信度，而要
達到.85 或更高的實效信度。在他們準備預算時，必須

預計容納多少位評判員呢？答案：九個。

圖 3.10　評判員評分之平均值的實效信度

判斷數目 (n)	平均值值信度（r）																				
	.01	.03	.05	.10	.15	.20	.25	.30	.35	.40	.45	.50	.55	.60	.65	.70	.75	.80	.85	.90	.95
1	01	03	05	10	15	20	25	30	35	40	45	50	55	60	65	70	75	80	85	90	95
2	03	06	10	18	26	33	40	46	52	57	62	67	71	75	79	82	86	89	92	95	97
3	03	08	14	25	35	43	50	56	62	67	71	75	79	82	85	88	90	92	94	96	98
4	04	11	17	31	41	50	57	63	68	73	77	80	83	86	88	90	92	94	96	97	*
5	05	13	21	36	47	56	62	68	73	77	80	83	86	88	90	92	94	95	97	98	*
6	06	16	24	40	51	60	67	72	76	80	83	86	88	90	92	93	95	96	97	98	*
7	07	18	27	44	55	64	70	75	79	82	85	88	90	91	93	94	95	97	98	98	*
8	07	20	30	47	59	67	73	77	81	84	87	89	91	92	94	95	96	97	98	*	**
9	08	22	32	50	61	69	75	79	83	86	88	90	92	93	94	95	97	97	98	*	**
10	09	24	34	53	64	71	77	81	84	87	89	91	92	94	95	96	97	98	98	*	**
12	11	27	39	57	68	75	80	84	88	89	91	92	94	95	96	97	98	98	*	*	**
14	12	30	42	61	71	78	82	87	88	90	92	93	94	95	96	97	98	98	*	*	**
16	14	33	46	64	74	80	84	87	90	91	93	94	95	96	97	97	98	*	*	*	**
18	15	36	49	67	76	82	86	89	91	92	94	95	96	96	97	98	98	*	*	**	**
20	17	38	51	69	78	83	87	90	92	93	94	96	96	97	97	98	98	*	*	**	**
24	20	43	56	73	81	86	89	91	93	94	95	96	97	97	98	98	*	*	*	**	**
28	22	46	60	76	83	88	90	92	94	95	96	97	98	98	98	*	*	*	*	**	**
32	24	50	63	78	85	89	91	93	95	96	96	97	98	98	*	*	*	*	*	**	**
36	27	53	65	80	86	90	92	94	95	96	97	97	98	98	*	*	*	*	**	**	**
40	29	55	68	82	88	91	93	94	96	96	97	98	98	*	*	*	*	*	**	**	**
50	34	61	72	85	90	93	94	96	96	97	98	98	98	*	*	*	*	**	**	**	**
60	38	65	76	87	91	94	95	96	97	98	98	98	*	*	*	*	*	**	**	**	**
80	45	71	81	90	93	95	96	97	98	98	98	*	*	*	*	*	**	**	**	**	**
100	50	76	84	92	95	96	97	98	98	*	*	*	*	*	*	**	**	**	**	**	**

* 近似.99　　** 近似 1.00

* 近意：小數點略。

積差相關。要注意，表 3.10 中的平均信度（r）即為積差相關係數，好比 Pearson's r 或其特例，即 Spearman 順序相關（ρ），點雙系列 r，或 φ 係數。這裡並不適合應用像百分比或比例一致性（如：一致的數目 A 除以一致的數目 A 與不一致的數目 D 的總和，即 A/（A+D）；或是淨一致性，即（A-D）/（A+D）這種信度指數。這種指數不僅在表 3.10 的使用中應該避免，一般說來，它們都應該予以避免，因為它們可能會造成極為誤導的結果。譬如，設若有兩個評判員評量一百個實地研究，看是否有外部效度。如果兩個人對於九十八個研究都認為有外部效度，只有兩個研究看法不一致，結果就是有 98%的一致性，但是卡方檢定積差相關 φ 的顯著性卻近於零。因此兩個評判員有相同的偏誤（也就是說，幾乎所有的實地研究都有外部效度），就可能得到幾乎完美的一致分數，而實際上彼此間的相關幾乎是 0（φ =-.01）。

• 信度與變異數分析

當只有兩名評判員之信度待評量時，很難打破積差相關係數作為信度之適當指數的方便性。不過，當評判員數增加後，處理相關係數就越來越不方便了。譬如，若有四十名評判員，要計算其平均信度（r）與其實效信度（R）。表 3.10 可以從先知道的 r 求出 R。但是，為了求 r，必須計算（40×39）/2=780 個相關係數。這對電腦來說不算難，但是要把七百八十個係數加以平均以求出 r，這對探究者或其程式設計員來說卻很辛苦。有個較簡便的辦法，涉及變

異數分析。

　　表 3.11 顯示三名評判員用 1 到 7 分的尺度評量五項研究品質的簡單例子，而表 3.12 則顯示這些資料的變異數分析。我們的計算只需要使用最後一欄，即列出均方的該欄（Guilford, 1954）。檢視下面計算公式 3.2 與 3.3，顯示它們指出：評判員可在抽樣單位（好比研究）間做區別的程度，減去在控制評判員之評量偏誤或主效果（好比均方之解碼者-均方殘差），除以一標準化之量。

　　R 的估計值，亦即所有評判員之評量的實效信度，可由下式求得：

$$R(\text{估計}) = \frac{\text{研究的均方} - \text{殘餘的均方}}{\text{研究的均方}} \qquad (3.2)$$

　　估計值 r，即平均信度或單一平均評判員的信度，可由下式求得：

$$r(\text{估計}) = \frac{\text{研究的均方} - \text{殘餘的均方}}{\text{研究的均方} + (n-1)\text{殘餘的均方}} \qquad (3.3)$$

　　其中，n 是評判員數，如前述（公式 3.3 已知為組內相關）。就表 3.11 與 3.12 的例子，可求得：

$$R(\text{估計}) = \frac{6.00 - 0.85}{6.00} = .858$$

與

$$r(\text{估計}) = \frac{6.00 - 0.85}{6.00 + (3-1)0.85} = 0.669$$

表 3.11　評判員對研究品質的評分

研究	評判員			
	A	B	C	Σ
1	5	6	7	18
2	3	6	4	13
3	3	4	6	13
4	2	2	3	7
5	1	4	4	9
Σ	14	22	24	60

表 3.12　對評判員評分的變異數分析

來源	SS	df	MS
研究	24.0	4	6.00
評判員	11.2	2	5.60
殘餘	6.8	8	0.85

在此例中，很容易比較變異數分析法與較麻煩的相關法的結果。因此，評判員配對（r_{AB}、r_{BC}、r_{AC}）間的相關（r）分別是.645、.582、.800，而平均組間相關爲.676，與由變數分析法所求得之估計值（.669）僅有.007 之差。

如果我們僅應用相關法，我們可以用 Spearman-Brown 公式（公式 3.1）到平均信度.676 以求出 R 值，即實效信度。結果爲：

$$R = \frac{(3)(.676)}{1+(3-1)(.676)} = .862$$

與由變異數分析法所求得之估計值（.858）僅有.004之差。一般而言，由相關法與由變異數分析法所求得者其

間差異極微（Guilford, 1954）。

　　應該注意，在此處的簡單例子裡，相關法還不是挺麻煩的，但是當評判員數愈形增加以後，我們就會越來越感謝變異數分析法了。

　　研究品質與效果大小。我們還可以檢視由 Glass 等人（1981）所擷取的資料，作為從變異數分析計算信度的額外的例子。對十一項不同的後設分析，對於內部效度被評為高、中、低的研究，求出其各別的平均效果大小估計。在平等加權十一項研究的分析基礎上，對高、中、低品質的研究，分別得到平均效果大小（Δ）.42、.34、.57。類比的中位數為.48、.31、.59。這些結果提示我們，品質對所求得之效果大小並沒有多大的線性效果（注意，雖然「壞」的研究通常會有較大的效果，但是「好」的研究傾向於顯示比中介研究更大的效果）。

　　我們對於這些資料所提出的問題是：在三項品質水準間，就信度係數而言，一致性的程度為何？我們經由變異數分析來討論這個問題，並得到：

$$R \left(估計 \right) = \frac{研究的均方 - 殘餘的均方}{研究的均方} = \frac{.1821 - .0571}{.1821} = .686$$

　　因此，十一項後設分析之分化的實效信度約為.69。平均信度的估計值（r），或說單一品質水準的信度為：

$$r \left(估計 \right) = \frac{研究的均方 - 殘餘的均方}{研究的均方 + \left(n - 1 \right) 殘餘的均方}$$

$$= \frac{.1821 - .0571}{.1821 + \left(3 - 1 \right) .0571} = .422$$

在此例中，高品質與中品質研究的相關為.558，而高品

質與低品質及中品質與低品質研究間的相關分別為.381
與.376。這三個信度的平均值為.438，這個值很接近變異數
分析所得到的結果（.422）。總而言之，低品質研究和高品
質、中品質研究在區分後設分析上並不一致。

・ 信度與主成分

在下面一種情況下，有另一種很有實效的方式可以估
計整組評判員的信度：所有評判員所做的評分都跑出相關，
也已經有了主成分分析。Armor（1974）發展了一組指數θ，
這是依據未轉軸的第一個主成分（其中主成分是從相關矩
陣中應用相關矩陣對角線上的 1.00 抽取出來的因素）。θ的
公式如下：

$$\theta = \frac{n}{n-1}\left[\frac{L-1}{L}\right]$$ (3.4)

其中 n 是評判員數，L 是第一個未轉軸主成分的潛在
根或特徵值。潛在根是任一因素之因素負荷量的平方和，
可視為由該因素所說明之評判員評分的變異量。因素分析
電腦程式通常會提供每一所抽取之因素的潛在根或特徵
值，因此θ值實際上不難求出。

・ 報告信度

假定我們已經把信度分析處理妥當，我們該怎麼報告
結果呢？理想上，信度分析的報告應該包括平均信度（單
一評判員的信度）與實效信度（整組評判員或平均評判的
信度）讀者需要知道後一種信度（R），因為事實上那是大

多數例子中應用的變項信度。不過，如果報告信度而未加說明，讀者可能不會知道會有任一評判員評分的信度很低。讀者可能注意到，依十二位評判員為準報告出來的信度是.80，並從而認定，就其目的而言，該變項是有充分信度的。讀者可能應用單一位評判員，而後才發現這個評判員的信度是.25 而不是.80。兩種信度都報告，則可避免此種誤解。

折半樣本信度。一種有關的誤解來源是某種類型的平均判斷與另一種類型的平均判斷間的相關的報導。譬如，設想我們有十位男性與十位女性評判員，或是有十位學生與十位研究人員做評判員。我們有時候會看到平均男性與平均女性評判員的信度，或者平均學生與平均研究人員評判員的信度。這種由某一類型的全部評判員所做的平均評量與由另一類型的評判員所做的平均評量的相關可能是很有用的。但是，若要報告這種信度，就必須說明清楚，這種相關可能遠高於任一男性與任一女性評判員間的平均相關，或是任一學生與任一研究人員評判員間的相關。這個理由在前面討論實效信度的段落就已經提過。

修整評判員。當我們檢視評判員之間的交互相關時，有時候會發現，有人和所有其他人都特別不一樣。也許這個評判員較傾向得到和其他人的負相關的結果，或者，比起相關矩陣中較典型的情形來，明顯和其他的評判員有較低的信度。如果從資料中將這個較無信度的評判員去掉，最後的信度估計會有偏誤，也就是說，會顯得信度太高。如果一定要把一個評判員去掉，可以用平衡修整來減少結

果的偏誤。所以，如果要去掉同意度最低的評判員，就要同時去掉同意度最高的評判員。如果要去掉同意度最低的兩名評判員，就要同時去掉同意度最高的兩名評判員。依此類推。已有的經驗顯示，如果所用評判員的樣本數很大，修整評判員的效果就很小，而修整的必要性也就很小。當評判員樣本數很小的時候，我們可能會覺得更需要去掉評判員，但是這麼做更可能得到信度的殘餘偏誤估計。比較安全的程序是：修整與不修整評判員的分析都做，並將修整與不修整評判員的資料所得結果的差異寫入報告中。雖然修整評判員的方法似乎應用得還不是很有系統，但是這個方法的理論基礎仍可見於 Mosteller 與 Rourke（1973）、Tukey（1977）、Hoaglin、Mosteller 與 Tukey（1983）等人的著作中。

4

比較與組合研究結果

　　此處描述後設分析程序的架構,其中區分了後設分析程序的比較功能與組合功能。所提供的程序是用來比較與組合兩個以上研究的顯著檢定與效果大小估計。

後設分析程序的架構

　　在本章中,我們將詳細考慮各種後設分析程序的應用情形。不過,在涉入計算之前,不妨先考慮一般性的架構,將各種後設分析程序擺進透視觀點中。表 4.1 提供了四種後

設分析程序之摘要，此等程序可用於僅只評量兩項研究的特殊案例。可分別列出兩研究的案例，因為對於這種情形特別有一些較為方便的計算程序。表 4.1 的兩個欄顯示，有兩種主要方式來評量研究的結果——依據其統計顯著性（如 p 水準）或依據其效果大小〔譬如均值的差除以共同標準差 σ或 S，Cohen（1969, 1977, 1988）及 Glass（1980）所用的指數，或 Pearson's r〕。表 4.1 的兩列顯示有兩個主要的分析程序可應用在所要評量的這組研究上：比較與組合。表 4.1 裡標明 A 的方格就代表某一研究的顯著水準是否顯著不同於其他研究的顯著水準之評量程序。標明 B 的方格代表某一研究的效果大小（如 d 或 r）是否顯著不同於其他研究的效果大小之評量程序。方格 c 與 d 分別代表用來估計總的顯著水準與平均效果大小之評量程序。這些程序將在下面加以舉例說明。

　　表 4.2 提供了六種可用於評量三項以上研究的情形之後設分析程序的比較一般性的摘要。各欄就像表 4.1 一樣，但是表 4.1 標明為「比較各研究」的列，此處被分成兩列——一種是分散檢定的情形，一種是集中檢定的情形。

表 4.1　可用於一組兩項研究之後設分析程序的四種類型

分析程序	依據什麼來界定研究	
	顯著檢定	效果大小估計
比較研究	A	B
組合研究	C	D

表 4.2　可用於一組三項研究之後設分析程序的六種類型

分析程序	依據什麼來界定研究	
	顯著檢定	效果大小估計
比較研究：分散檢定	A	B
比較研究：焦點檢定	C	D
組合研究	E	F

　　當各研究依據其顯著水準（A 方格）或其效果大小（B 方格）進行分散檢定的比較時，我們就可以知道它們的顯著水準或效果大小是否彼此顯著不同。但是我們不知道它們怎麼不同法，或是有沒有什麼系統的差異。當各研究依據其顯著水準（C 方格）或其效果大小（D 方格）進行集中檢定的比較時，我們就可以知道它們是否在理論之可預測性或有意義性上彼此顯著不同。所以重要的假設檢定可以使用集中檢定來做。表 4.2 中的 E 方格與 F 方格只是表 4.1 中的 C 與 D 方格的類推，代表用於分別估計總顯著水準與平均效果大小的程序。

後設分析程序：兩項獨立研究

　　即使我們在解釋單一研究結果時很嚴謹、很細緻，我們在解釋兩項以上研究時也常很容易犯錯。譬如，Smith 也

許會報告說某種社會干預有顯著效果，而 Jones 則會反駁說：Smith 的說法錯了。他們兩人的研究結果或許是像這樣：

Smith 的研究：t（78）=2.21，p<.05，d=.50，r=.24.
Jones 的研究：t（18）=1.06，p>.30，d=.50，r=.24.

Smith 的研究結果確實比 Jones 的來得顯著，但是兩項研究在估計效果大小上的結果是完全一致的，不管是用 d 或 r 來界定效果大小都一樣。進一步比較它們個別的顯著水準顯示，這些 p 水準並沒有顯著差異（p=.42）。顯然，Jones 說他無法重獲 Smith 的結果是錯了。本節一開始不妨考慮如何從量化的角度比較兩項獨立的研究，也就是由兩組不同人馬進行的研究。本章的例子大部分是假設的，故意構作以方便說明後設分析中所發生的廣泛不同情況。

比較研究

・ 顯著性檢定

通常當我們比較兩項研究結果時，我們較有興趣去比較效果大小而不是其 p 值。但是，有時候我們卻只能比較其 p 值，以下就是我們的作法（Rosenthal & Rubin, 1979a）。對兩個統計檢定值，我們求出準確的單尾檢定 p 水準。本章中所描述的全部程序都須設 p 水準被記錄為單尾。因此，t（100）=1.98 應被記錄為 p=.025 而不是 p=.05。所以作為精確性的範例，如果得到 t（30）=3.03，我們的 p 值是.0025，

而不只是「<.05」。t 分配的擴充表在這裡很有用（e.g., Federighi, 1959; Rosenthal & Rosnow, 1984a, 1991）；而儲存了 Z、t、F、χ^2 等分配的便宜計算機也很有用。對於每個 p，都有個 Z 對應，即標準常態差對應於 p 值。因為兩個 p 都是單尾的，如果兩項研究都顯示相同方向的效果，對應的 Z 值也會有相同的符號；但是如果結果是相反的方向，則符號也會相反。如果把兩個 Z 的差除以 $\sqrt{2}$，就會得到新的 Z，對應於 p，而此 Z 值彼此間的差異極大，如果兩個 Z 並沒有真正的差異，新 Z 值間的差異將更大。簡言之，

$$\frac{Z_1 - Z_2}{\sqrt{2}} \text{ 分配與 Z 分配相同} \tag{4.1}$$

例 1。研究 A 與 B 得到反方向的結果，兩者均不「顯著」。一個 p 是.06，單尾；另一個是.12，也是單尾，但是另一尾。對應此兩 p 值的 Z 值是+1.56 與-1.18，可以在常態曲線的表中找到（注意，相反的符號意指反向結果）。則從前面的公式（4.1）可得到：

$$\frac{Z_1 - Z_2}{\sqrt{2}} = \frac{(1.56) - (-1.18)}{1.41} = 1.94$$

即兩個 p 值或其對應的 Z 值間差異的 Z 值。和 Z 值為 1.94 對應的是單尾 p 值.026 或雙尾 p 值.052。這兩個 p 值看起來好像差異顯著，這提醒我們可能要從兩項研究的結果做出不同的推論。

例 2。研究 A 與 B 得到同方向的結果，兩者均「顯著」。一個 p 是.04，另一個是.000025。對應於此兩 p 值的是 Z 值為 1.75 與 4.06（因為兩個 Z 是在同一尾，所以符號相同）。

從公式 4.1 可得差異的 Z 值：

$$\frac{Z_1 - Z_2}{\sqrt{2}} = \frac{(4.06) - (1.75)}{1.41} = 1.64$$

對應於該 Z 值的 p 為單尾的.050 或雙尾的.100。所以我們可能得到結論說兩個 p 值差異顯著或幾乎顯著。不過，要強調的是，發現一個 Z 值大於另一個，並不能告訴我們是不是因為效果大小較大，還是研究的大小（如 N）較大，或是兩者皆是，才使該 Z 值較大。

例 3。研究 A 與 B 得到同方向的結果，但是一個「顯著」（p=.05），一個不顯著（p=.06）。這可能是推論誤差的最差勁的範本，研究者僅因為一個顯著、一個不顯著，就結論說兩種結果不一致。很遺憾，這種例子並不僅是理論上有，實際上就是有這樣的錯誤發生，並已記錄在案（Rosenthal & Gaito, 1963, 1964）。對應於這兩個 p 值的 Z 值分別為 1.64 與 1.55。從公式 4.1 可以得到 p 值.05 與.06 之差的對應 Z 值：

$$\frac{Z_1 - Z_2}{\sqrt{2}} = \frac{(1.64) - (1.55)}{1.41} = .06$$

對應於此差值的 p 值為單尾.476 或雙尾.952。這個例子清楚顯示，顯著與不顯著的結果之間的差異是多麼不顯著。

• 效果大小估計

當我們要問兩項研究是否在說相同故事時，我們通常是要知道，兩個結果（就效果大小而言）是否彼此相當一致，或者是顯著異質。本章將強調 r 作為效果大小的指標，

不過也有類似的程序來比較諸如 Hedges's（1980）g，或是比例間的差異 d′（Hedges, 1928b; Hsu, 1980; Rosenthal & Rubin, 1982a）等其他效果大小指標。此處將簡短描述並舉例說明這些指標。

對這兩項要加以比較的研究的每一個，我們都要計算效果大小 r，並求這些 r 值的每個對應 Fisher's z_r 值，其定義爲 $1/2\log_e[(1+r)/(1-r)]$。當運用此轉換時，兩個 r 之間差異的顯著性檢定會比較準確（Alexander, Scozzaro & Borodkin, 1989）。此外，任一對 Fisher's z_r 間的同等差異是同樣地可以被查覺的，但若 r 未做轉換，則情況便非如此。每本統計學的入門參考書都有將所得到的 r 轉換成 Fisher's z_r 值的對比表。則當 N_1 與 N_2 代表兩項研究的每一項的抽樣單位數（如受試者）時，以下的量亦爲 Z 分配（Snedecor & Cochran, 1967, 1980, 1989）：

$$\frac{Z_{r_1} - Z_{r_2}}{\sqrt{\dfrac{1}{N_1-3} + \dfrac{1}{N_2-3}}} \qquad\qquad (4.2)$$

例 4。研究 A 與 B 得到反方向的結果，而效果大小分別是 r=.60（N=15）與 r= -.20（N=100）。對應於這兩個 r 值的 Fisher's z_r 值分別爲.69 與-.20（注意，r 值的符號相反，對應的 z_r 值符號也相反）則從前面的公式（4.2）可得兩個效果大小間差異的 Z 值：

$$\frac{Z_{r_1} - Z_{r_2}}{\sqrt{\dfrac{1}{N_1-3} + \dfrac{1}{N_2-3}}} = \frac{(.69)-(-.20)}{\sqrt{\dfrac{1}{12} + \dfrac{1}{97}}} = 2.91$$

對應 Z 值 2.91 的 p 值為單尾.002 或雙尾.004。可見兩個效果大小有顯著差異。

例 5。研究 A 與 B 得到同方向的結果，而效果大小分別是 r=.70（N=20）而 r=.25（N=95）。對應於這兩個 r 值的 Fisher's z_r 值分別為.87 與.26。從公式 4.2 可得差異的 Z 值：

$$\frac{(.87)-(.26)}{\sqrt{\frac{1}{17}+\frac{1}{92}}}=2.31$$

對應此 Z 值的 p 值為單尾.01 或雙尾.02。這個例子裡的兩項研究，對於變項 X 與 Y 之間的顯著正向關係有一致性，但是在其關係大小的估計上卻顯著不一致。

例 6。研究 A 與 B 分別得到效果大小估計值 r=.00（N=17）與 r=.30（N=45）。對應於這些 r 值的 Fisher's z_r 值則分別為.00 與.31。從公式 4.2 可得到兩項效果大小估計值間差異的 Z 值：

$$\frac{(.00)-(.31)}{\sqrt{\frac{1}{14}+\frac{1}{42}}}=-1.00$$

對應於此 Z 值的 p 值為單尾.16 或雙尾.32。這個例子裡有兩個效果大小，一個是 0（r=.00），另一個（r=.30）卻顯著異於 0（t（43）=2.06，P<.025 單尾），但是兩者間並無顯著差異。這個例子顯示，當兩項研究結果一為顯著、一為不顯著時，或是一項估計效果大小為零，另一項卻不然的時候，我們要下結論說兩項研究結果相異，必須非常小心

社會研究的後設分析程序

（Rosenthal & Rosnow, 1984a, 1991）。

其他效果大小估計。雖然在本章裡 r 是我們所偏好的效果大小估計，但是我們還是提供了其他效果大小估計的類似程序，好比像是（M_1-M_2）/S（Hedges's g），或是比例差 d'。我們先從 Hedges's g 開始。

對於要進行比較的兩項研究的每一項，計算其效果大小（M_1-M_2）/S（Hedges's g）與 1/w 的量，後者是 g 的估計變異數。我們可以依下式（Rosenthal & Rubin, 1982a）得到 w 值：

$$w = \frac{2\left(n_1 n_2\right)\left(n_1 + n_2 - 2\right)}{\left(n_1 + n_2\right)\left[t^2 + 2\left(n_1 + n_2 - 2\right)\right]} \qquad (4.3)$$

當求出 w 值之後，就可以採用 Z 檢定來檢定任兩獨立 g 值間的差異的顯著性，因為如 Rosenthal & Rubin，（1982a）以稍許不同的形式所示，下式為 Z 的分配。

$$\frac{g_A - g_B}{\sqrt{\dfrac{1}{w_A} + \dfrac{1}{w_B}}} \qquad (4.4)$$

注意公式 4.4 與公式 4.2 在結構上的類似性。在兩例中，效果大小的差被除以個別效果大小變異數總和的平方根。

例 7。研究 A 與 B 得到同方向的結果，而效果大小分別是 g=1.86（t=4.16；N=20）而 g=.51（t=2.49；N=95）。假定在研究 A 裡，被比較的兩種狀況的樣本數分別是 10 與 10；而在研究 B 裡則分別為 47 與 48，我們首先就每項研究求出 w 值。

$$w_A = \frac{2\left(n_1 n_2\right)\left(n_1 + n_2 - 2\right)}{\left(n_1 + n_2\right)\left[t^2 + 2\left(n_1 + n_2 - 2\right)\right]}$$

$$= \frac{2\left(10\right)\left(10\right)\left(10 + 10 - 2\right)}{\left(10 + 10\right)\left[\left(4.16\right)^2 + 2\left(10 + 10 - 2\right)\right]} = 3.38$$

$$w_B = \frac{2\left(n_1 n_2\right)\left(n_1 + n_2 - 2\right)}{\left(n_1 + n_2\right)\left[t^2 + 2\left(n_1 + n_2 - 2\right)\right]}$$

$$= \frac{2\left(47\right)\left(48\right)\left(47 + 48 - 2\right)}{\left(47 + 48\right)\left[\left(2.49\right)^2 + 2\left(47 + 48 - 2\right)\right]} = 22.98$$

因此，從公式 4.4 可得差異的 Z 值：

$$\frac{g_A - g_B}{\sqrt{\dfrac{1}{w_A} + \dfrac{1}{w_B}}} = \frac{1.86 - .51}{\sqrt{\dfrac{1}{3.38} + \dfrac{1}{22.98}}} = 2.32$$

對應 Z 值的 p 值爲單尾.01 或雙尾.02。從這兩項研究的例子可見，兩者可以一致顯示自變項有顯著效果，但是對效果大小的估計值卻有顯著不同。

　　設想在這個例子裡，有 A、B 兩項研究，但是並沒有計算效果大小，只有 t 檢定。如果我們偏好用 r 作爲效果大小的估計，我們可以從公式 2.16 求出 r。前述研究中 t 值（與 N 值）分別爲 4.16（N=20）與 2.49（N=95），可求得兩個 r 值爲：

$$r_A = \sqrt{\frac{t^2}{t^2 + df}} = \sqrt{\frac{\left(4.16\right)^2}{\left(4.16\right)^2 + 18}} = .70$$

$$r_B = \sqrt{\frac{t^2}{t^2 + df}} = \sqrt{\frac{\left(2.49\right)^2}{\left(2.49\right)^2 + 93}} = .25$$

　　我們可以很輕易地比較這兩個 r 值。事實上，在例 5

裡面已經這樣做了。在那裡，我們求出 Z 值為 2.31，與我們在比較 g 值時所得到的 Z 值（Z=2.32）很接近。

現在假想我們記得怎麼從 t 求出 r，卻忘了怎麼比較兩個 r 值。如果我們記得怎麼比較兩個 g 值，就可以根據公式 2.27 將 r 轉換為 g。

$$g = \frac{r}{\sqrt{1-r^2}} \times \sqrt{\frac{df(n_1+n_2)}{n_1 n_2}}$$ （2.27）

此處的例子為：

$$g_A = \frac{.70}{\sqrt{1-(.70)^2}} \times \sqrt{\frac{18(10+10)}{(10)(10)}} = 1.86$$

$$g_B = \frac{.25}{\sqrt{1-(.25)^2}} \times \sqrt{\frac{93(47+48)}{(47)(48)}} = .51$$

當然，我們也可以根據公式 2.25（或 2.26 或 2.5）從 t 直接計算出 g。從公式 2.25 可求出：

$$g_A = t\sqrt{\frac{1}{n_1}+\frac{1}{n_2}} = 4.16\sqrt{\frac{1}{10}+\frac{1}{10}} = 1.86$$

$$g_B = t\sqrt{\frac{1}{n_1}+\frac{1}{n_2}} = 2.49\sqrt{\frac{1}{47}+\frac{1}{48}} = .51$$

最後，如果我們已經有了 Cohen's d[$(M_1-M_2)/\sigma$]而想求出 g，可依下式求出：

$$g = \frac{d}{\sqrt{\frac{n_1+n_2}{n_1+n_2-2}}}$$ （4.5）

如果我們的效果大小估計是比例差（d'），則其程序類

似於效果大小估計為 Hedges's g 時的情形。同樣的，我們也需要效果大小估計的估計變異數 $1/w$。在這裡我們可以用公式 4.6 來估計 w。這個公式很好用，只有在 n_1 或 n_2 很小且 p_1 或 p_2 近於 0 或 1 時才例外。如果 n_1 或 n_2 很小時，比較保險的作法是用其最大可能值.25 取代 $p(1-p)$（也就是說，當 $p=(1-p)=.50$ 時，$p(1-p)$ 的值最大，且等於.25）。

$$w = \frac{n_1 n_2}{n_2 p_1 (1-p_1) + n_1 p_2 (1-p_2)} \qquad (4.6)$$

不過，在後設分析工作中，我們有時候不能得到 n_1 與 n_2 的值。因此，我們就用 w 的近似值，只需要總研究大小 N 與效果大小估計 d' 即可（Rosenthal & Rubin, 1982a）：

$$w = \frac{N}{1-d'^2} \qquad (4.7)$$

當上面的 p_1 與 p_2 同值且大於或小於.5 而 $n_1=n_2$ 時，對公式 4.6 的近似估計就很準確。

當求出 w 值以後，就可以依據 Z 檢定來檢定任兩獨立 d' 值間差異的顯著性，因為如 Rosenthal 與 Rubin（1982a）以稍許不同形式所示的：

$$\frac{d'_A - d'_B}{\sqrt{\frac{1}{w_A} + \frac{1}{w_B}}} \text{的分配同於 Z 分配} \qquad (4.8)$$

就如同效果大小估計為 r 與 g（公式 4.2 與 4.4）時的情形，效果大小的差異也被除以個別效果大小變異數總和的平方根。

例 8。研究 A 與 B 得到同方向的結果，而效果大小分

別是 d′=.70（N=20）而 d′=.25（N=95）。假定在研究 A 裡，被比較的兩種狀況的樣本數分別是 10 與 10；而在研究 B 裡則分別為 47 與 48，我們先從公式 4.6 求出 w 值。然後，我們也可以應用概估公式 4.7 以便做進一步的說明。

$$w_{A_1} = \frac{n_1 n_2}{n_2 p_1 (1-p_1) + n_1 p_2 (1-p_2)}$$
$$= \frac{(10)(10)}{(10).85(.15) + (10).15(.85)} = 39.22$$

$$w_{A_1} = \frac{n_1 n_2}{n_2 p_1 (1-p_1) + n_1 p_2 (1-p_2)}$$
$$= \frac{(47)(48)}{(48).375(.625) + (47).625(.375)} = 101.32$$

$$w_{A_2} = \frac{N}{1-d'^2} = \frac{20}{1-(.70)^2} = 39.22$$ ，和上面（w_{A_1}）的結果

完全一致。

$$w_{B_2} = \frac{N}{1-d'^2} = \frac{95}{1-(.25)^2} = 101.33$$ ，和上面（w_{B_1}）的結果

僅小數點第二位不同。

因為概估的 w_{B_2} 是假定 $n_1 = n_2 = 47.5$，而上面（w_{B_1}）的結果是假定 $n_1 = 47$ 而 $n_2 = 48$。

現在，我們可以從公式 4.8 求出兩個效果大小間的差的 Z 值來檢定差異：

$$\frac{d'_A - d'_B}{\sqrt{\frac{1}{w_{A_1}} + \frac{1}{w_{B_1}}}} = \frac{.70 - .25}{\sqrt{\frac{1}{39.22} + \frac{1}{101.32}}} = 2.39$$

對應 Z 值的 p 值為單尾.0084 或雙尾.017。我們選擇這個例子，是要反映出其與例 7、例 5 的相同效果大小。依三種不同方法所求出的 Z 值相當一致，分別是 2.39、2.32 與 2.31。

組合研究

• 顯著性檢定

在比較任兩項獨立研究的結果以後，要把兩項研究的 p 水準加以組合就不是什麼難事了。因此，我們可以求出：如果 X 與 Y 之間無相關的虛無假設為真而可以得到兩個 p 水準的機率之總估計值。有許多方法可以用來組合兩項或更多研究的結果。稍後將會加以描述，並在他處做摘要（Rosenthal, 1978, 1980）。但是此處必須提出一最簡單、最多用途的程序，這種 Z 值累加的方法被 Mosteller 與 Bush（1954）稱為 Stouffer 法。就像比較 p 值的方法一樣，要求先從兩項研究的每一項中求出 p 水準，然後再求與每一 p 值相對應的 Z 值。兩個 p 值都要是單尾的形式。而如果兩項研究顯示出同方向的效果，則對應的 Z 值也會有相同的符號。如果結果是反方向的，則符號也就不同。兩個 Z 值的和如果除以 $\sqrt{2}$ 就會得到新的 Z。這個新的 Z 對應於如下的 p 值：如果 X 與 Y 無相關的虛無假設為真而兩項研究組合的結果（或同一尾上離得更遠的結果）可能發生的 p 值。摘述如下：

社會研究的後設分析程序

$$\frac{Z_1 + Z_2}{\sqrt{2}} \text{ 的分配爲 Z 分配} \qquad (4.9)$$

我們可以依其自由度、估計品質或任何其他所欲的權值將每一 Z 值加權（Mosteller & Bush, 1954; Rosenthal, 1978, 1980）。

將 Z 值加權的一般程序是將每一 Z 值均乘上任何所欲的權值（但是要在檢視資料以前指定好），把加權了的 Z 值相加，其總和再除以平方權值的和之平方根。方式如下：

$$\text{加權的 } Z = \frac{w_1 Z_1 + w_2 Z_2}{\sqrt{w_1{}^2 + w_2{}^2}} \qquad (4.10)$$

例 11 將說明如何應用此一程序。

例 9。研究 A 與 B 得到反方向的結果，且兩者均顯著。一個 p 爲.05，單尾，另一個 p 爲.0000001，單尾但是在另一尾。在常態偏差值表上可以查到兩 p 值的對應 Z 值，分別爲-1.64 與 5.20（注意：符號相反意指結果方向相反）。從公式 4.9 就會得出研究 A 與 B 的組合結果之 Z 值。

$$\frac{Z_1 + Z_2}{\sqrt{2}} = \frac{(-1.64) + (5.20)}{1.41} = 2.52$$

對應於 Z 值 2.52 的 p 值爲.006，單尾；或.012，雙尾。所以，組合的 p 值支持兩個結果更爲顯著的結果。如果這是真實的結果，我們在解釋這組合的 p 時得要格外謹慎，因爲兩個 p 值是在相反的方向上顯著，且彼此有顯著的差異。我們要努力找出 A、B 兩研究間究竟是什麼樣的差異造成這麼不同的結果。

例 10。研究 A 與 B 得到同方向的結果，但是兩者均不

顯著。一個 p 爲.11，另一個是.09，而其對應的 Z 值爲 1.23 與 1.34。從公式 4.9 可得到組合的 Z 值：

$$\frac{(1.23)+(1.34)}{1.41} = 1.82$$

對應於此一 Z 值的 p 值爲.034 單尾或.068 雙尾。

　　例 11。研究 A 與 B 即例 9 的該兩項研究，唯我們已經發現，由同一組專家評估內部效度後，研究 A 獲得的權值（w_1）爲 3.4，而研究 B 獲得的權值（w_2）爲 0.9。研究 A 與 B 的 Z 值分別是-1.64 與 5.20。因此，應用公式 4.10 可求出研究 A 與 B 的組合結果的 Z 值。

$$\frac{(3.4)(-1.64)+(0.9)(5.20)}{\sqrt{(3.4)^2+(0.9)^2}} = \frac{-0.896}{3.517} = -0.25$$

對應於此一 Z 值的 p 值爲.40 單尾或.80 雙尾。注意：在此例中，加權會導致不顯著的結果。在例 9 中，因爲沒有加權（確切地說，應該是權值相等：$w_1=w_2=1$），在雙尾時 p=.012，p 值顯著。

　　如果是依自由度加權，而不是依研究品質加權，而研究 A 與 B 的自由度分別是 36 與 144，則加權後的 Z 值就是：

$$\frac{(36)(-1.64)+(144)(5.20)}{\sqrt{(36)^2+(144)^2}} = \frac{689.76}{148.43} = 4.56$$

此一結果顯示，組合後的 Z 值（p<.000002 單尾）會大幅朝向自由度較大的 Z 的方向移動，因爲兩項研究之間自由度的差異相當大。注意：當要給 Z 值按自由度加權時，我們就已經決定要讓研究的大小在決定組合的 p 值上扮演較吃重的角色了。這個角色非常吃重，因爲研究大小在決定每

個 Z 值時就已經有作用,因此在加權過程中是第二次起作用。

• 效果大小估計

當我們要組合兩項研究的結果時,我們對效果大小的組合估計的興趣,不下於組合機率。就像我們之前在比較兩個效果大小估計值一樣,我們會把 r 當做組合效果大小的主要效果大小估計。不過,還有許多其他的可能估計(譬如 Cohen's d、Hedges's g、Glass's Δ,或比例差 d′)。

對被組合之兩項研究的每一項,我們計算 r 及對應的 Fisher's z_r,可得下式:

$$\frac{Z_{r_1} + Z_{r_2}}{2} = \overline{Z}_r \qquad (4.11)$$

也就是對應於平均 r 值的 Fisher's z_r。我們使用 r 值轉換 z_r 值或 z_r 值轉換 r 值的表,尋找與平均 z_r 對應的 r。查表比依下式從 z_r 計算 r 更方便:r=(e^{2z_r}-1)/(e^{2z_r}+1)。其中 e ≅ 2.71828 為自然對數的底。如果我們要這麼做,則可以用其自由度,也就是用 N-3(Snedecor & Cochran, 1967, 1980)、用其所估計之研究品質,或用任何其他在檢視資料前所指定之權值,對每一 z_r 加權。

加權平均的 z_r 可依下式求得:

加權平均的 $z_r = \dfrac{w_1 z_{r_1} + w_2 z_{r_2}}{w_1 + w_2}$ \qquad (4.12)

例 14 將說明如何應用此一程序。

例 12。研究 A 與 B 得到同方向的結果,一個 r=.80,

另一個 r=-.30。對應於兩個 r 值的 Fisher's z_r 值分別為 1.10 與-0.31。從公式（4.10）可求出平均 Fisher's z_r：

$$\frac{z_{r_1} + z_{r_2}}{2} = \frac{(1.10) + (-0.31)}{2} = .395$$

從 z_r 值轉換 r 值的表可以找到與 r 值.38 對應的 z_r 值.395。

例 13。研究 A 與 B 得到同方向的結果，一個 r=.95，另一個 r=.25。對應於兩個 r 值的 Fisher's z_r 值分別為 1.83 與.26。從公式（4.11）可求出平均 Fisher's z_r：

$$\frac{1.83 + .26}{2} = 1.045$$

從 z_r 值轉換 r 值的表可以找到與 r 值.78 對應的 z_r 值 1.045。注意：如果我們沒有先將 r 轉換成 z_r，而直接把兩個 r 平均，我們會發現，平均 r 值是（.95+.25）/2=.60，比.78 小得多。這個例子說明，使用 Fisher's z_r 會加大 r 的權值，使其在雙向都離零更遠。

例 14。研究 A 與 B 即例六的該兩項研究，唯我們已經決定依研究的自由度（這裡是 N-3）將之加權。因此，公式 4.12 可以改寫為下式以指明我們是用自由度作為權值：

$$加權的\bar{z}_r = \frac{df_1 z_{r_1} + df_2 z_{r_2}}{df_1 + df_2} \qquad (4.13)$$

在例 6 中，當 N 為 17 與 45 時，r 值分別是.00 與.30。對應於兩個 r 值的 Fisher's z_r 值分別為.00 與.31。因此，可求出對應於 r 值.23 之加權後的 z_r 值為：

$$\frac{(17-3).00+(45-3).31}{(17-3)+(45-3)} = \frac{13.02}{56} = .232$$

最後要注意：在組合顯著性檢定與（或）效果大小時，如下的作法會很有用，即先檢定兩 p 值間，或所偏好的兩個效果大小間差異的顯著性。如果這些研究結果確實有差異，我們應該很謹慎地去組合 p 值或效果大小，特別是當它們的結果方向相反的時候。

其他效果大小估計：前面所述關於 r 的組合原則上均可適用於其他效果大小的估計。因此，我們可以把 Hedges's g、Cohen's d、Glass's Δ、比例差 d′或任何其他效果大小估計等加以平均，可加權，也可不加權。實際上的差異是：當我們組合 r 值時，我們通常在組合前就先把 r 轉換成 Fisher's z_r；而當我們要估計其他效果大小時，多數都不需要在組合之前先做轉換。

後設分析程序：任何數的獨立研究

雖然我們迄今以前述程序採用比較與組合整組研究結果的方式，可以做不少事情，但是我們常常有三項或更多相同關係的研究，有待比較與（或）組合。本節的目的是將上一節所述的程序加以概括化呈現，使我們能夠就任何數的獨立研究之結果進行比較與組合。同樣地，這裡的例子是假設性的，構作來說明任何題域之廣泛後設分析工作

的情況。當然，進入我們的分析中之研究數常比說明各種後設分析程序所需要的數目要大。

比較研究：分散的檢定

· **顯著性檢定**

設有三項或更多的 p 水準要予以比較，我們首先會發現對應於每一 p 值的標準常態偏差 Z。所有的 p 水準都必須是單尾的，而如果所有的研究都顯示同方向的效果，則對應的 Z 值就會有相同的符號；如果並不是所有的研究都顯示同方向的效果，則對應的 Z 值就不會有相同的符號。Z 值的異質性的統計顯著性可以從如下計算χ^2的式子求得（Rosenthal & Rubin, 1979a）：

$$\sum \left(z_j - \bar{z}\right)^2 的分配同 \chi^2 分配，而自由度 K-1 \qquad (4.14)$$

在這個式子裡，z_j 為任何一項研究的 Z 值，$\bar{z}$ 則為所有得出的 Z 值之平均，而 K 則是被組合的研究項數。

例 15。研究 A、B、C 與 D 得到單尾的 p 值分別為.15、.05、.01 與.001。不過，研究 C 的結果與其他研究 A、B 與 D 的方向不同。從常態的表裡可以找到，與四項 p 值對應的 Z 值為 1.04、1.64、-2.33、3.09（注意：負號是與反方向結果相對應的 Z 值）則從前述公式 4.14 可得χ^2值：

$$\sum \left(z_j - \overline{z} \right)^2 = \left[(1.04) - (0.86) \right]^2 + \left[(1.64) - (0.86) \right]^2$$
$$+ \left[(-2.33) - (0.86) \right]^2 + \left[(3.09) - (0.86) \right]^2$$
$$= 15.79$$

在自由度 K-1=4-1=3 時顯著，p=.0013。故我們所比較的這四項 p 值明顯是顯著異質的。

• **效果大小估計**

此處我們要評量三個或更多效果大小估計的統計異質性。我們要再度強調以 r 為效果大小估計。不過還有類似的程序用來比較像 Hedges's(1981)g 或是比例差(Hedges, 1982b; Hsu, 1980; Rosenthal & Rubin, 1982a)等其他效果大小估計。這些會簡短予以描述及舉例說明。

對於要比較的三項以上研究，我們計算其每一項的效果大小 r、其對應的 Fisher's z_r 與 N-3，其中 N 為抽樣單位數，每個 r 都是以此單位為基準求出。則 r 值的異質性的統計顯著性可從 χ^2 求出（Snedecor & Cochran, 1967, 1980, 1989），因為：

$$\sum \left(N_j - 3 \right) \left(z_{r_j} - \overline{z}_r \right)^2 \text{的分配同} \chi^2 \text{分配，而自由度為} K-1$$

$$(4.15)$$

在此一公式中，z_{r_j} 即對應於任一 r 值的 Fisher's z_r，而

$\overline{z}_r$ 就是加權了的 z_r，亦即：

$$\bar{z}_r = \frac{\sum (N_j - 3) z_{r_j}}{\sum (N_j - 3)} \qquad (4.16)$$

例 16。研究 A、B、C 與 D 分別得到效果大小 r=.70
（N=30）、r=.45（N=45）、r=.10（N=20）、r=-.15（N=25）。
從 Fisher's z_r 值的表裡可以找到與四項 r 值對應的 z_r 值分別
為.87、.48、.10、-.15。從前述公式 4.16 可得加權平均 z_r 值：

$$\frac{[27(.87) + 42(.48) + 17(.10) + 22(-.15)]}{[27 + 42 + 17 + 22]} = \frac{42.05}{108} = .39$$

再從上面 χ^2 的公式（4.15）又可求得 χ^2 值：

$$\sum (N_j - 3)(z_{r_j} - \bar{z}_r)^2 = 27(.87 - .39)^2 + 42(.48 - .39)^2$$
$$+ 17(.10 - .39)^2 + 22(-.15 - .39)^2$$
$$= 14.41$$

自由度 K-1=3 時顯著，p=.0024。所以，這裡所比較的
四個效果大小明顯有顯著異質性。

其他效果大小估計：雖然在本章中 r 是我們所偏好的
效果大小估計，但也有一些類似的程序，像（M_1-M_2）/S
（Hedges's g）或比例差（d'）等其他效果大小估計。我們
先從 Hedges's g 開始。

對全組裡的每項研究我們都計算 Hedges's g[即（M_1-
M_2）/S]，以及 g 的估計變異數（1/w）的倒數 w。在公式 4.3
中，我們已看到怎麼計算 w（Rosenthal & Rubin, 1982a）。

$$w = \frac{2(n_1 n_2)(n_1 + n_2 - 2)}{(n_1 + n_2)[t^2 + 2(n_1 + n_2 - 2)]} \qquad (4.3)$$

只要算出 w，就可以檢定這組 g 值的異質性，因為 Hedges

（1982b）及 Rosenthal 與 Rubin（1982a）已經證明：

$$\sum w_j \left(g_j - \bar{g} \right)^2 的分配近似於 \chi^2 分配，而自由度爲 K-1$$

$$（4.17）$$

$\bar{g}$ 就是 g 的加權平均值，定義如下：

$$\bar{g} = \frac{\sum w_j g_j}{\sum w_j} \qquad （4.18）$$

注意公式 4.17 與 4.15 間及公式 4.18 與 4.16 間的類似性。公式 4.17 在大部分時候都是適當的估計，但是當樣本數非常小而 t 統計值又很大的時候，它就會失去準確性。

　　例 17。研究 A、B、C 與 D 分別得到效果大小 g=1.89（N=30）、g=.99（N=45）、g=.19（N=20）、g=-.29（N=25）。如果要應用公式 4.17 與 4.18，需要計算每一效果大小的 w 值。公式 4.3 顯示怎麼計算 w，它需要知道在每一研究中被比較的兩組的樣本數（n_1 與 n_2），及 t 檢定的結果。如果沒有 t 檢定的結果，我們可以依據公式 2.4、2.5、2.25 或 2.26 自己來計算，譬如：

$$t = \frac{g}{\sqrt{\frac{1}{n_1} + \frac{1}{n_2}}} \qquad （4.19）$$

　　如果 n_1 與 n_2 的值原先沒有報告，而已知 N（即 n_1+n_2），這時候如果可以合理假定兩樣本數大致相當，我們就可以用 N/2 來代替 n_1 與 n_2。如此則公式 4.19 可簡化爲：

$$t = g \times \frac{\sqrt{N}}{2} \qquad\qquad (4.20)$$

而公式 4.3 則可簡化為：

$$w = \frac{N(N-2)}{2(t^2 + 2N - 4)} \qquad\qquad (4.21)$$

因為在此例中我們先沒有得到 A、B、C 與 D 四項研究的 n_1、n_2 與 t 值，我們可以應用公式 4.20 求每項研究的 t 值，用公式 4.21 求每項研究的 w 值。表 4.3 顯示計算的結果，不過只有研究 A（其中 N=30，g=1.89）有顯示細節部分。從公式 4.20 可求出：

$$t = g \times \frac{\sqrt{N}}{2} = 1.89 \times \frac{\sqrt{30}}{2} = 5.18$$

表 4.3　比較四項效果大小之工作表

研究	N	g^a	t^b	t^2	w^c	wg
A	30	1.89	5.18	26.79	5.07	9.58
B	45	.99	3.32	11.03	9.97	9.87
C	20	.19	.42	.18	4.98	.95
D	25	-.29	-.72	.53	6.18	-1.79
Σ	120	2.78	8.20	38.53	26.20	18.61

a. 可依下式求得：$g = \frac{2t}{\sqrt{N}}$（從公式 4.20 而來）。

b. 可依下式求得：$t = \frac{g\sqrt{N}}{2}$（公式 4.20）

c. 可依下式求得：$w = \frac{N(N-2)}{2(t^2 + 2N - 4)}$（公式 4.21）

從公式 4.21 可求出：

$$w = \frac{N\,(N-2)}{2\left(t^2 + 2N - 4\right)} = \frac{30\,(28)}{2\left(5.18^2 + 2\,(30) - 4\right)} = 5.07$$

在我們應用公式 4.17 （即對異質性做 χ^2 檢定）之前，我們必須先求出 $\bar{g}$，即 g 的加權平均值（見公式 4.18），從表 4.3 的總和列中適當的位置就可以找到：

$$\bar{g} = \frac{\sum w_j g_j}{\sum w_j} = \frac{18.61}{26.20} = .71$$

現在我們可以應用公式 4.17 來計算 χ^2：

$$\sum w_j \left(g_j - \bar{g}\right)^2 = 5.07\,(1.89 - .71)^2 + 9.97\,(.99 - .71)^2 + 4.98$$

$$(.19 - .71)^2 + 6.18\,(-.29 - .71)^2 = 15.37$$

這個 χ^2 值在 K-1=3 自由度時顯著，p=.0015。所以，這裡所比較的四個效果大小明顯為顯著異質的。

此例中的四個效果大小是故意被選擇為與例 16 相同，只是前者單位為 g，而後者單位為 r。以 g 為準的 χ^2（3）略大於以 r 為準的 χ^2（3）約 7%，而 p 為.0015，比起例 16 的.0024 更顯著一點。就實際目的來說，這樣的一致性已經夠接近了，我們不應該期望達到完美的一致性。有時候我們會有一組 r 值，而要把它們轉換成 g 值，假如每種狀況中的樣本數都大致相等，我們可以把公式 2.27 簡化轉換如下：

$$g = \frac{2r}{\sqrt{1 - r^2}} \times \sqrt{\frac{N-2}{N}} \qquad (4.22)$$

如果我們要轉換 g 值成為 r 值，我們同樣可以把公式 2.28

簡化轉換如下：

$$r = \sqrt{\frac{g^2 N}{g^2 N + 4(N-2)}}$$ （4.23）

如果我們的效果大小估計是比例差（d'），我們的程序會類似於當效果大小估計為 Hedges's g 時的情形。對於整組研究的每一項，我們都計算 d' 與 d' 之估計變異數（1/w）的倒數 w。w 的基本估計已在公式 4.6 出現，此一公式很好用，除非 n_1 與 n_2 極小，而 p_1 或 p_2 又極近於 0 或 1。如果 n_1 或 n_2 極小，一個保守的程序就是用 p（1-p）的最大可能值.25 來取代 p（1-p）。再將公式 4.6 列出如下：

$$w = \frac{n_1 n_2}{n_2 p_1 (1-p_1) + n_1 p_2 (1-p_2)}$$ （4.6）

對此式的近似估計稍早在公式 4.7 已經提出，式中僅需要總研究大小（N）與效果大小估計 d'：

$$w = \frac{N}{1 - d'^2}$$ （4.7）

這個對公式 4.6 所做的近似估計，在 p_1 與 p_2 同值且大於或小於.5 而 $n_1 = n_2$ 時，就很準確。

只要有了 w，就可依據公式 4.17（Rosenthal & Rubin, 1982a）檢定整組 d' 的異質性，但是要用 g 來代替 d'：

$$\sum w_j \left(d' - \overline{d'} \right)^2$$ 的分配近似於 χ^2 分配，自由度為 K-1 （4.24）

$\overline{d'}$ 是 d' 的加權平均，定義如下：

$$\overline{d'} = \frac{\sum w_j d'_j}{\sum w_j} \qquad (4.25)$$

這跟 $\overline{g}$ 的定義類似（見公式 4.18）。

　　例 18。研究 A、B、C 與 D 分別得到效果大小 d'=.70、.45、.10、-.15。表 4.4 顯示了對每一研究計算 w 值的結果。此處以研究 A 為例，應用公式 4.7 計算 w 值：

$$w = \frac{N}{1 - d'^2} = \frac{30}{1 - (.70)^2} = 58.82$$

　　在我們要應用公式 4.24 也就是做異質性 χ^2 檢定以前，我們必須先求出 $\overline{d'}$，亦即 d' 的加權平均（公式 4.25）。這可以依表 4.4 總和列中的適當數據求得：

$$\overline{d'} = \frac{\sum w_j d'_j}{\sum w_j} = \frac{64.751}{161.03} = .40$$

表 4.4　比較四項效果大小（d'）的工作表

研究	N	d'	d'^2	$1-d'^2$	w^a	wd'
A	30	.70	.4900	.5100	58.52	41.174
B	45	.45	.2025	.7975	56.43	25.394
C	20	.10	.0100	.9900	20.20	2.020
D	25	-.15	.0225	.9775	25.58	-3.837
Σ	120	1.10	.7250	3.2750	161.03	64.751

a. 可從下式求得：$w = \dfrac{N}{1 - d'^2}$（公式 4.7）。

所以應用公式 4.24 可得：

$$\sum w_j \left(d' - \overline{d'} \right)^2 = 58.82 \left(.70 - .40 \right)^2 + 56.43 \left(.45 - .40 \right)^2 + 20.20$$

$$\left(.10 - .40 \right)^2 + 25.58 \left(-.15 - .40 \right)^2 = 14.99$$

此處 χ^2 值在 K-1=3 自由度時顯著，p=.0018。所以四項效果大小顯著異質。

　　此例中四項效果大小是故意被選擇爲與例 16（r）與例 17（g）相同。表 4.5 將例 16、17、18 中的三項效果大小估計資料做了摘要。雖然三個 χ^2（3）的值並不相等，但是仍然十分近似，三個顯著水準亦然。表 4.5 也顯示，r 與 d'很近似。事實上，在本書的末一章我們可以看到，當拿來比較的比例都相等，且大於或小於.5，而 $n_1=n_2$ 時，從此一 2×2 表所求得之 r 值確實等於 d'。

表 4.5　界定爲（r、g、d'）的效果大小之異質性檢定

	效果大小		
	r	g	d'
研究 A	.70	1.89	.70
研究 B	.45	.99	.45
研究 C	.10	.19	.10
研究 D	-.15	-2.9	-.15
中位數	.28	.59	.28
未加權平均	.31[a]	.70	.28
加權平均值	.37[a]	.71	.40
χ^2（3）	14.41[a]	15.37	14.99
p	.0024	.0015	.0018

a.　以 Fisher's z_r 值爲準做轉換。

比較研究：焦點檢定

• 顯著性檢定

雖然我們知道怎麼回答關於一組顯著水準間差異顯著性的各種分散性問題，但是我們常能問更焦點性的、更有用的問題。譬如，有一組 p 水準，是關於老師期望效果的研究，我們可能要知道是不是較年幼的學童比較年長的學童統計顯著性要來得大（Rosenthal & Rubin, 1978）。通常我們會比較有興趣想知道源於理論的權值與我們所求得之效果大小間的關係。不過，有時候並沒有現成的效果大小估計值及其樣本數。更少見的情形是，我們真正的興趣是在權值與所求得之顯著水準間的關係上。

就像分散檢定的情形一樣，我們先求對應於每一 p 水準的標準常態差值 Z。所有的 p 水準都必須爲單尾，而如果所有的研究都顯示同方向的效果，則 Z 值也會有相同的符號。用來檢定任何特定關於一組 p 水準的假設之對比統計顯著性可從 Z 求得，計算如下（Rosenthal & Rubin, 1979a）：

$$\frac{\sum \lambda_j Z_j}{\sqrt{\lambda_j^2}} \text{ 分配同Z分配} \qquad (4.26)$$

在這個公式裡，λ_j 是對任一項研究由理論所衍生的預測或對比權值，選擇時就要考慮使 λ_j 值的總和爲零，而 Z_j 則爲任一項研究的 Z 值。

例 19。研究 A、B、C 與 D 分別得到單尾 p 值 $1/10^7$、.0001、.21 與.007。所有的結果都同方向。從常態表

中可以找到對應於四項 p 水準的 Z 值 5.20、3.72、.81、2.45。
設若研究 A、B、C、D 包含不同量的同輩教師接觸時間，
在研究 A、B、C、D 中的同輩教師接觸時間分別是每月 8、
6、4、2 小時，那麼我們就會問：在接觸時數與有利於同輩
教導結果之統計顯著性之間是否有線性關係。包含四項研
究的線性對比的權值是 3、1、-1、-3（這是從直角多項式
的表所求得，例如：Rosenthal & Rosnow, 1984a, 1991）。
因此，從前面的公式就可以求出 Z 值：

$$\frac{\sum \lambda_j Z_j}{\sqrt{\sum \lambda_j^2}} = \frac{(3)5.20+(1)3.72+(-1).81+(-3)2.45}{\sqrt{(3)^2+(1)^2+(-1)^2+(-3)^2}}$$

$$= \frac{11.16}{\sqrt{20}} = 2.50$$

這個結果在單尾時顯著，p=.006。所以，當接觸時數增加時，
四項 p 值也會跟著線性地趨於顯著。

• **效果大小估計**

此處我們要問一個比較是關於一組效果大小的焦點性
問題。譬如，假如有關同輩教導的研究已經有一組效果大
小了，我們可能想知道這些效果是否跟著每月接觸時數而
呈線性增減。我們再度強調，r 是效果大小估計，但是也有
類似的程序可以來比較像 Hedges's（1981）g 或比例差 d'
（Rosenthal & Rubin，1982a）之類其他效果大小估計。這
些稍後會有簡短描述與舉例說明。

就如分散檢定的情形，我們首先計算效果大小 r、其對
應的 Fisher's z_r 與 N-3，N 為抽樣單位數，每個 r 值以之為

準。對比的統計顯著性，檢定任何關於一組效果大小的特定假設之用，可以從下式（Rosenthal & Rubin, 1982a）所計算的 Z 值求得（Rosenthal & Rubin, 1982a）：

$$\frac{\sum \lambda_j z_{r_j}}{\sqrt{\sum \frac{\lambda_j^2}{w_j}}} \text{分配同Z分配} \tag{4.27}$$

在此式中，λ_j 是任一項研究的理論所決定的對比權值，選擇時就要考慮讓 λ_j 總和為零。

z_{r_j} 就是任一項研究的 Fisher's z_r 值。

而 w_j 則是每一研究之效果大小的變異數的倒數。

對於效果大小 r 的 Fisher's z_r 值轉換，變異數是 $1/（N_j-3）$，所以，$w_j = N_j - 3$。

例 20。研究 A、B、C 與 D 分別得到效果大小 r=.89、.76、.23、.59，N 都等於 12。對應於這些 r 值的 Fisher's z_r 值可從 Fisher z_r 值表查出，為 1.42、1.00、.23、.68。設若研究 A、B、C、D 包含不同量的同輩教師接觸時間，在研究 A、B、C、D 中的同輩教師接觸時間分別是每月 8、6、4、2 小時，那麼我們就會問：在接觸時數與有利於同輩教導之效果大小間是否有線性關係？就如例 19 一樣，適當的權值，或說 λ，是 3、1、-1、-3。因此，從前述公式可求出 Z 值：

$$\frac{\sum \lambda_j z_{r_j}}{\sqrt{\sum \frac{\lambda_j^2}{w_j}}} = \frac{(3)1.42 + (1)1.00 + (-1).23 + (-3).68}{\sqrt{\frac{(3)^2}{9} + \frac{(1)^2}{9} + \frac{(-1)^2}{9} + \frac{(-3)^2}{9}}} = \frac{2.99}{\sqrt{2.222}}$$

$$= 2.01$$

此處為顯著，p=.022，單尾。所以，當接觸時數增加時，四項 p 值也會跟著做線性地增加。對此種關係的解釋必須很謹慎。畢竟各項研究並不是隨機被分派到四項接觸時數的狀況。一般而言，所得到的調整效果大小的變項不應該被解釋為任何因果關係的強有力證據。不過，調整項的關係在提示因果關係的可能性上是很有價值的。進一步就可以在可能範圍內來做實驗性或準實驗性的研究了。

• **其他效果大小估計**

雖然在本章中 r 是我們所偏好的效果大小估計值，不過這裡也提供了其他類似的效果大小估計程序，像是：（M_1-M_2）／S（Hedges's g）或是比例差（d'）。我們先從 Hedges's g 來敘述。

我們還是就每項研究計算其 g 的估計變異數（1／w）的倒數 w。我們使用公式 4.3 與公式 4.21 來計算，如果個別樣本數（n_1 與 n_2）為已知，且彼此不相等時，使用前項公式；如果非已知或彼此相等時，則使用後項公式。這些公式如下：

$$w = \frac{2(n_1 n_2)(n_1 + n_2 - 2)}{(n_1 + n_2)\left[t^2 + 2(n_1 + n_2 - 2)\right]} \tag{4.3}$$

$$w = \frac{N(N-2)}{2(t^2 + 2N - 4)} \qquad (4.21)$$

我們應用所求出的 w 值來檢定任何我們想要探究之對比的顯著性。以下數量近似於 Z 分配：

$$\frac{\sum \lambda_j g_j}{\sqrt{\sum \frac{\lambda_j^2}{w_j}}} \text{分配近似於Z分配} \qquad (4.28)$$

此一公式在結構上與公式 4.27 相同（Rosenthal & Rubin, 1982a）。式中的 w_j 如公式 4.3 或 4.21 之界定；而 λ_j 則是我們基於我們的理論配置給第 j 項研究的對比權值。唯一的限制是：λ_j 的和必然為零（Rosenthal & Rosnow, 1984a, 1985, 1991）。

例 21。A、B、C、D 等項研究分別得到效果大小 g=3.56、2.13、.43、1.33，均為 N=12。如同例 20，我們假定 A、B、C、D 等項研究所用之每月同輩指導分別為 8、6、4、2 小時，問在接觸時數與偏向同輩指導之效果大小間是否有線性關係。如同例 20，適當的權值，或說 λ 值，是 3、1、-1、-3。

表 4.6 列出計算對比之顯著檢定（Z）所需的成分，並提醒我們可以用來求出各種數量的公式。現在我們可以應用公式 4.28 求出 Z 值：

$$\frac{\sum \lambda_j g_j}{\sqrt{\sum \frac{\lambda_j^2}{w_j}}} = \frac{8.39}{\sqrt{13.44}} = 2.29$$

在單尾 p=.011 水準下顯著。

表 4.6　計算效果大小（g）之間的對比的工作表

研究	N	g^a	t^b	t^2	λ^c	λ^2	λg	w^d	$\dfrac{\lambda^2}{w}$
A	12	3.56	6.17	38.02	3	9	10.68	1.03	8.74
B	12	2.13	3.69	13.61	1	1	2.13	1.79	.56
C	12	.43	.74	.55	-1	1	-.43	2.92	.34
D	12	1.33	2.30	5.31	-3	9	-.99	2.37	3.80
$\sum$	48	7.45	12.90	57.49	0	20	8.39	8.11	13.44

a. 可依下式求得：$g = \dfrac{2t}{\sqrt{N}}$ （從公式 4.20）。

b. 可依下式求得：$t = \dfrac{g\sqrt{N}}{2}$ （公式 4.20）。

c. 由理論決定，但是要 $\sum \lambda = 0$。

d. 可依下式求得：$w = \dfrac{N(N-2)}{2(t^2 + 2N - 4)}$ （公式 4.21）。

　　此例中的四項效果大小被設計為與例 20 相對等，但是後者單位是 r，此處單位為 g。以 g 為基準的 Z 值略大於（大 14%）以 r 為基準的 Z 值（2.01）；而 p 值為.011，也較例 20（p=.022）略為顯著些。所以，一致性很難完美，但是就實用目的來說，已經夠接近了。

如果後設分析者有特別喜好的效果大小估計，他不需要擔心不同的後設分析者會因為使用不同的效果大小估計而得到很不同的結論。但是，如果用了多種效果大小估計，而且對這些估計進行了各種不同的後設分析程序，卻只把後設分析者最喜歡的結果呈現出來，這才不應該。應用多種不同的效果大小估計，這並沒有什麼錯，但是所有被進行過的分析都應該把它報告出來才對。可顯示 g 和 r 之間關係之一般與特定的公式，有公式 2.27、2.28、4.22、4.23 等。

如果我們的效果大小估計是比例差 d'，其程序和 Hedges's g 的效果大小估計類似。我們還是就每項研究計算 d'的估計變異數（1/w）的倒數 w。我們使用公式 4.6 與公式 4.7 來計算，如果個別樣本數（n_1 與 n_2）為已知，且彼此不相等時，使用前項公式；如果非已知或彼此相等時，則使用後項公式。這些公式如下：

$$w = \frac{n_1 n_2}{n_2 p_1 (1 - p_1) + n_1 p_2 (1 - p_2)} \tag{4.6}$$

$$w = \frac{N}{1 - d'^2} \tag{4.7}$$

只要我們求出 w 值，就可以用公式 4.28 檢定任何對比（Rosenthal & Rubin, 1982a），但是要用 d'代替 g：

$$\frac{\sum \lambda_j d'_j}{\sqrt{\sum \frac{\lambda_j^2}{w_j}}} \text{ 分配近似於 Z 分配} \tag{4.29}$$

式中的 w_j 依公式 4.6 或 4.7 的界定；λ_j 界定如上。

例 22。A、B、C、D 等項研究分別得到效果大小

d'=.89、.76、.23、.59，均爲 N=12。如同例 21，我們假定 A、B、C、D 等項研究所用之每月同輩指導分別爲 8、6、4、2 小時，我們仍然是要檢定線性對比，λ 值還是 3、1、-1、-3。表 4.7 列出了計算此項對比之顯著檢定（Z）所需成分。接下來我們用公式 4.29 求出 Z 值：

$$\frac{\sum \lambda_i d'_i}{\sqrt{\sum \frac{\lambda_i^2}{w_j}}} = \frac{1.43}{\sqrt{.7592}} = 1.64$$

在單尾 p=.05 水準下顯著。

表 4.7　計算效果大小（d'）之間的對比的工作表

研究	N	d'	d'^2	$1-d'^2$	λ^a	λ^2	$\lambda d'$	w_j^b	$\frac{\lambda^2}{w}$
A	12	.89	.79	.21	3	9	2.67	57.14	.1575
B	12	.76	.58	.42	1	1	.76	28.57	.0350
C	12	.23	.05	.95	-1	1	-.23	12.63	.0792
D	12	.59	.35	.65	-3	9	-1.77	18.46	.4875
Σ	48	2.47	1.77	2.23	0	20	1.43	116.80	.7592

a. 由理論決定，但是要 Σλ=0。

b. 可依下式求得：$w = \frac{N}{1 - d'^2}$　（公式 4.7）。

　　此例中的四項效果大小被設計爲與例 20 及例 21 相對等，但是後二者的單位分別是 r 與 g，此處單位爲 d'。表 4.8 將例 20、例 21 與例 22 的三種效果大小估計的資料做了摘要。三項線性對比的 Z 值顯著檢定有點變異。由效果大小估計數 g 所算得的 Z 值比由 r 所得的大 14%；而由效果大

社會研究的後設分析程序

小估計數 d'所算得的 Z 值則比由 r 所得的小 18%。不過，顯著水準的範圍並不特別廣，最顯著的結果 p 為.011，而最不顯著的結果 p 為.050。

表 4.8　依 r、g、d'界定之效果大小的線性對比檢定

	效果大小		
	r	g	d'
研究 A	.89	3.56	.89
研究 B	.76	2.13	.76
研究 C	.23	.43	.23
研究 D	.59	1.33	.59
中位數	.68	1.73	.68
平均值	.68[a]	1.86	.62
Z (線性對比)	2.01[a]	2.29	1.64
p	.022	.011	.050

a. 以 Fisher's z_r 值為準做轉換。

　　在離開檢定的焦點議題以前，應該注意，這些檢定的用處，比計算作為單一觀察的每一效果大小或顯著水準的一般常見程序，更要有效能（e.g., Eagli & Carli, 1981; Hall, 1980; Rosenthal & Rubin, 1978; Smith et al., 1980）。譬如，在那種程序裡，我們可能計算例 20 的 Fisher's z_r 值與 λ 值間的相關，以檢定下述假設：較大的效果大小是關聯著較長的接觸時間。雖然 r 值是很大（.77），但是它卻甚至還未接近顯著，因為 r 所依據的自由度很小。應用焦點檢定或對比的程序，對現有的訊息會有更充分的運用，因此比較不會導致型 II 誤差。

組合研究

• 顯著性檢定

在比較了三項或更多項研究之任何組合結果之後，不難將這一組研究的 p 水準加以組合，以便得到總機率（即如果 X 與 Y 之間無相關的假設為真時，得到這組 p 水準的機率）之估計。下章將描述好幾種不同的方法，此處僅介紹稍早關於如何組合兩組結果的討論中所提到的方法之概括版本。

此一方法僅需要就每一 p 水準求出 Z 值，均以單尾為準。和多數發現之方向不同的 Z 值給予負號。用研究項數（K）的平方根除 Z 的和，可得到一個新的統計值，其分配與 Z 相同。摘要如下：

$$\frac{\sum Z_j}{\sqrt{K}} \text{分配同Z分配} \tag{4.30}$$

如果我們要這麼做，可以用自由度、估計之品質或任何其他所欲的權值來給每一 Z 值加權（Mosteller & Bush, 1954; Rosenthal, 1978, 1980）。

對 Z 值加權的一般程序是將每一 Z 值乘以所欲的權值（這些權值是在檢查資料以前就要決定好），再將加權了的 Z 值加總，然後除以權值平方和的平方根。如下式：

$$\text{加權的 } Z = \frac{\sum w_j Z_j}{\sqrt{\sum w_j^2}} \tag{4.31}$$

例 24 將說明如何應用這個程序。

例 23。A、B、C、D 等項研究分別得到單尾 p

值.15、.05、.01、.001。不過，C 項研究的結果和其他項研究的結果方向相反。與四項 p 值對應的 Z 值是 1.04、1.64、-2.33、3.09。依公式 4.30 可求出新的 Z 值：

$$\frac{\sum Z_j}{\sqrt{K}} = \frac{(1.04)+(1.64)+(-2.33)+(3.09)}{\sqrt{4}} = 1.72$$

其對應 p 值為單尾的.043 或雙尾的.086。如果我們能正確預測多數的結果，通常我們會應用單尾 p 值，否則就用雙尾 p 值。此例中我們所得到的組合之 p 值能支持多數個別研究的結果。但是即使這個 p 值是比較顯著的（.043 與.086），在要提出總結論的時候還是要很謹慎，因為這裡用來組合的四項 p 值是很不同質的。例 15 用了同樣的 p 值，並已顯示其異質性在 p=.0013 達於顯著。不過，應該再強調一次，p 值有很大的異質性，可能是因為效果大小的異質性，因為樣本數的異質性，或因為兩者。要找出異質的來源，必須要很謹慎地審視每項研究的效果大小與樣本數。

例 24。A、B、C、D 等項研究與例 23 相同，但是現在我們已經決定就每項研究加權，依照固定的一組方法學者所做的內在效度的平均給分來加權。A、B、C、D 等項研究的權值（w）分別為 2.4、2.2、3.1、3.8。用公式 4.31 可求出 A、B、C、D 等項研究之加權組合結果的 Z 值：

$$\text{加權的 } Z = \frac{\sum w_j Z_j}{\sqrt{\sum w_j^2}}$$

$$= \frac{(2.4)(1.04) + (2.2)(1.64) + (3.1)(-2.33) + (3.8)(3.09)}{\sqrt{(2.4)^2 + (2.2)^2 + (3.1)^2 + (3.8)^2}}$$

$$=\frac{10.623}{\sqrt{34.65}} = 1.80$$

對應於此一 Z 值的 p 值為單尾的.036 或雙尾的.072。此例中，用研究品質加權其實結果和未加權（例 23）並沒有很大的不同，兩例中單尾 p 值都近似於.04。實際上，就例 23 而言，與其說它是未加權，更準確地說，應該是加權值相等，所有的權值均等於 1。

• 效果大小估計

當我們組合三項或多項研究結果時，我們不只是對組合的機率感到興趣，對組合的效果大小估計值也至少同樣感到興趣。也跟前面相同，我們把 r 值當成主要的效果大小估計數，但是也承認還有許多其他的估計值。對於用來組合的三項或多項研究的每一個，我們都計算 r 值，以及對應的 Fisher's z_r，並求得與平均 r 值對應的 Fisher $\bar{z_r}$：

$$\frac{\sum z_r}{K} = \bar{z} \qquad (4.32)$$

（其中 K 是所組合的研究項數）。我們使用 Fisher's z_r 的表查出對應於平均 z_r 值的 r 值。如果我們要將較大的權值給予較大的研究，我們可以依自由度，也就是 N-3（Snedecor & Cochran, 1967, 1980, 1989），或是其估計研究品質，或任何其他在檢查資料前所配給的權值，對每一 z_r 加權。

求加權平均 z_r 值可如下式：

$$加權的 \bar{z}_r = \frac{\sum w_j z_{r_j}}{\sum w_j} \qquad (4.33)$$

例 26 將說明如何應用這個程序。

例 25。A、B、C、D 等項研究分別得到效果大小 r=.70、.45、.10、-.15。而對應這些 r 值的 Fisher's z_r 值分別為.87、.48、.10、-.15。依公式 4.32 求出平均 Fisher's z_r 值：

$$\frac{\sum z_r}{K} = \frac{(.87) + (.48) + (.10) + (-.15)}{4} = .32$$

從 Fisher's z_r 值的表可查出，對應於 r 值.31 的 z_r 值為.32。不過，就如同稍早組合 p 水準之例，在解釋此一組合的效果大小時，要非常謹慎。如果我們加以平均的 r 值是依據很大的樣本數，如例 16 的情形，它們會有顯著的異質性。因此，如果在加以平均的時候，未加慎思、未予註明，是不恰當的。

例 26。A、B、C、D 等項研究與例 25 相同，但是現在我們已經決定就每項研究加權，依照一些專家所做的生態效度的平均給分來加權。A、B、C、D 等項研究的權值分別為 1.7、1.6、3.1、2.5。用公式 4.33 可求出對應於 r 值.24 的平均 Fisher's z_r 值：

$$加權的\ Z = \frac{\sum w_j Z_{r_j}}{\sum w_j}$$

$$= \frac{(1.7)(.87) + (1.6)(.48) + (3.1)(.10) + (2.5)(-.15)}{1.7 + 1.6 + 3.1 + 2.5}$$

$$= \frac{2.182}{8.90} = .24$$

此例中，依研究品質加權會得出比同等加權略小的組合效果大小估計值（.24 比.31）。

- **其他效果大小估計**

任何其他效果大小，如 Cohen's d、Hedges's g、Glass's Δ、比例差（d'）等等，都可依加權或不加權的方式予以組合，就如對 r 的作法。唯一的差別是當我們組合 r 值時，典型的作法是在組合之前先將之轉換成 Fisher's z_r 值，而其他大多數的效果大小估計都是直接組合，不用事前先做轉換。

練習

為探究一種新的治療程序，進行了六項實驗。下表顯示了每項研究所得到的效果大小（r）及每項研究所用的病人數，正的 r 值意指新的療法較佳：

研究	效果大小（r）	N
1	.64	43
2	.33	64
3	.03	39
4	.02	46
5	-.04	24
6	-.04	20

1. 請計算以上每項研究的顯著水準，並求出對應於每一顯著水準的 Z 值。

2. 求出六項研究之加權與未加權的平均效果大小。

3. 求出第 2 題兩個平均效果大小所對應的顯著水準。

4. 報告並解釋這六項效果大小異質性的檢定結果。

5. 檢定如下假設：在這組研究中，較大的研究得到較大的效果大小。報告從此一對比中所導出的 Z 值、p 值與 r 值。

6. 將前面所求出的效果大小轉換成 Cohen's d 或 Hedges's g。然後依此種新的效果大小估計值回答第 1 至 5 題。

5

組合機率

　　此處描述組合獨立機率的幾種方法，並加以比較。提出一項警告，即：不可直接組合不同研究的原始資料。最後，「檔案櫃」的問題亦將加以討論，這個問題就是：無結果的研究不被發表，且後設分析者亦無法擷取。

一般程序

　　在前一章中，呈現了一些可用來比較及組合顯著水準與效果大小估計之基本程序。除了所呈現的一些基本程序

外，還有其他幾種不同的方法可用來組合機率水準，這對某些特殊情況會特別有用。

在一般程序的這節中，我們把如下的主要方法加以摘要：從兩項以上檢定同方向假設之研究中所得之機率如何組合起來的方法。雖然這麼做是有可能，但是這裡並沒有考慮到如下的問題：如果有些研究結果的方向並不能直接被弄清楚，要怎麼樣去組合這些結果？好比在進行 F 檢定（用於變異數數分析）的時候，分子自由度大於 1，或者卡方檢定（列聯表中的獨立性）時自由度大於 1 等。雖然本節是想要能夠自足，但是並不打算把參考文獻包含的議題之所有相關的有用觀念都包羅進摘要中。Mosteller 與 Bush（1954）的極具創意的作品特別予以推介。相關文獻的檢閱請參見 Rosenthal（1978a）。

基本方法

表 5.1 呈現一組共五項研究的結果作爲範例。表中的第一欄顯示各項研究的 t 檢定結果。t 值前面的符號就是結果的方向；正的符號意指大部分結果的差異都一致，負號意指差異不一致。第二欄所記錄的是每個 t 所依據的自由度。

表 5.1　組合獨立實驗機率的七種方法的摘要

研究	單尾				效果大小	
	t	df	p	r	Z	-2log$_e$p
1	+1.19	40	.12	.18	+1.17	4.24
2	+2.39	60	.01	.29	+2.33	9.21
3	-0.60	10	.72	-.19	-0.58	0.66
4	+1.52	30	.07	.27	+1.48	5.32
5	+0.98	20	.17	.21	+0.95	3.54
Σ	+5.48	160	1.09	+.76	+5.35	22.97
平均值	+1.10	32	.22	+.15	+1.07	4.59
中位數	+1.19	30	.12	+.21	+1.17	4.24

注意：七種方法如下。

1.　加總對數法：χ^2（df =2N）=Σ-2log$_e$p=22.97，p= .011 單尾 　　　　（5.1）

2.　加總機率法（當Σp 近於或小於 1 時可應用）：

$$p = \frac{\left(\sum p\right)^N}{N!} = \frac{(1.09)^5}{5!} = .013 \text{ 單尾}$$　　　　（5.2）

3.　加總 t 值法：

$$Z = \frac{\sum t}{\sqrt{\sum \left[df/(df-2)\right]}} = \frac{5.48}{\sqrt{40/38 + 60/58 + 10/8 + 30/28 + 20/18}} = \frac{5.48}{\sqrt{5.5197}} = 2.33$$

，p=.01 單尾 　　　　（5.3）

4.　加總 Z 值法：$Z = \dfrac{\sum Z}{\sqrt{N}} = \dfrac{5.35}{\sqrt{5}} = 2.39$，p = .009 單尾 　　　（5.4）

5.　加總加權 Z 值法：

$$Z - \frac{T}{\sigma_T} = \frac{df_1 Z_1 + df_2 Z_2 + ... + df_n Z_n}{\sqrt{df_1^2 + df_2^2 + ... + df_n^2}} = \frac{(40)(+1.17) + (60)(+2.33) + ... + (20)(+0.95)}{\sqrt{(40)^2 + (60)^2 + ... + (20)^2}}$$

$$= \frac{244.2}{\sqrt{6600}} = 3.01 \text{，p= .0013 單尾}$$　　　　（5.5）

6.　檢定平均 p 值法：$Z = (.50 - \bar{p})(\sqrt{12N}) = (.50 - .22)\sqrt{12(5)} = 2.17$，

　　　　p = .015 單尾 　　　　（5.6）

7. 檢定平均 Z 值法：

$$t = \frac{\sum Z/N}{\sqrt{S^2_{(Z)}/N}} = \frac{+1.07}{\sqrt{.22513}} = 2.26 \text{，} df = 4 \text{，} p<.05 \text{ 單尾}$$

$$\text{或 } F = \frac{(\sum Z)^2}{(N)S^2_{(Z)}} = 5.09 \text{，} df = 1,4 \text{，} p<.05 \text{ 單尾} \qquad\qquad (5.7)$$

　　第三欄則是與每一 t 值相對應的單尾 p 值。需注意，當結果方向一致的時候，單尾 p 值均小於.50，但是當結果不一致的時候，這些值均大於.50。譬如，研究 3 的 t 值是-.60，其表列之單尾 p 值則為.72。如果 p 值方向一致，也就是+.60，單尾 p 值就是.28。值得注意的是：是被發現平均發生的差異方向才被歸給正號，並因而有低的單尾 p 值。基本的計算與結果是同樣的，不管我們是否聰明而預測出淨效果方向，或是愚笨而弄錯了。在計算結束的時候，如果我們要容忍未預測淨效果方向，可以把最後的總顯著水準加倍。

　　表中第四欄是效果大小，依 Pearson's r 來界定。

　　第五欄是標準常態差值，或說與每一 p 值相對應的 Z 值。表中最後一欄列了單尾 p 值的自然對數乘以-2。它們都服從自由度為 2 的 χ^2 分配，並為組合 p 水準的第一種方法的成分（Fisher, 1932, 1938），本節中將敘述之。

● **加總對數**

　　表中最後一欄所列其實就是 χ^2 值。獨立的 χ^2 值的總和也服從 χ^2 的分配，而其自由度也就等於各 χ^2 值之自由度的

和。因此，我們只需要把表中這 5 個χ² 值加起來，來看看這新的χ² 是多少。結果就列在表中中位數那一列的下方。其自由度爲 $5 \times 2 = 10$。$\chi^2 = 22.7$，當自由度=10 時，相對應的單尾 p 值是.011。

加總對數的方法有時候也叫做 Fisher 方法，雖然常被述及，卻有如下的缺點：它會得到和採五五對分之虛無假設的符號檢定等類簡單的總檢定不一致的結果（Siegel, 1956）。因此，對於爲數極多的研究，如果有很多都顯示同一方向的結果，用符號檢定我們可以很容易就拒絕虛無假設，即使一致的 p 值並沒有低於.50 很多。然而，在這種情形下，Fisher 方法卻不能得到總的顯著 p 值（Mosteller & Bush, 1954）。Fisher 方法的另一個問題是：如果獲得兩項研究結果的資料，兩個結果同樣都顯著、關係都很強，方向卻相反，Fisher 方法會支持兩種結果的顯著性。因此，A>B 之 p 值爲.001 而 B>A 的 p 值爲.001，兩者組合的結果卻是 A>B 或 B>A 的 p 值小於.01（Adcock, 1960）。儘管有這些侷限，Fisher 方法仍然是所有組合獨立機率的方法中最爲人所知、最常被討論的（見 Rosenthal，1978 年之文獻檢閱）。不過，因爲有這些侷限，例常性的應用似乎不太需要。

• **加總機率**

Edgington（1972a）描述了一種很有檢定力的方法：當所觀察的 p 水準的和之指數爲被組合的研究項數（N），再除以 N!，就是組合的機率。基本上，當組合兩項研究的結果時，這個式子得出右邊的三角形面積；當組合三項研究

結果時則是金字塔的面積；如果有更多項研究包括在內時則是這個面積的 n 面向概推。我們的表顯示，這種結果和使用 Fisher 方法對這組資料所得結果相同。基本的 Edgington 方法很有用、也很巧妙，但是限用於較少數的研究組合，因為它嚴格要求 p 水準的總和不大於 1。當 p 水準的總和大於 1 時，所得到的總 p 值容易過於保守，除非引用特殊的校正方式。

• 加總 t 值

　　Winer（1971）描述了另一種方法，沒有前述兩種方法的缺點。因為任何自由度之 t 分配的變異數都是 df /（df-2），基於此，計算時要把所得到的 t 值加總，並除以連結著 t 值的自由度之總和的平方根，不過每個自由度都要先除以 df-2。

　　當每個 t 值之自由度均為 10 或其近似值時，計算的結果本身近似於標準常態差值，並連結一特殊機率水準。當使用於上表之資料時，Winer 的方法得到的結果是 p=.01，單尾。這個結果與前二者很近似。這個方法的限制是：當樣本大小小於 3 的時候，它就不能用了，因為這時候將會有除以零或負值的情形。此外，當與每一 t 值連結的自由度小於 10 時，此一方法將得不到近於常態的結果。

• 加總 Z 值

　　最後一章描述 Stouffer 的方法，這也許是最簡單的方法（Mosteller & Bush, 1954），它只要求我們將對應於所求

得之 p 值的標準常態差值（或 Z 值）予以加總，再除以被組合之研究項數之平方根（Adcock, 1960; Cochran, 1954; Stouffer, Suchman, DeVinney, Star & Williams, 1949, p.45）。每一 Z 值都是虛無假設下的標準常態差值。獨立的常態差的和之變異數等於其變異數之和。此處，變異數之和即為研究項數，因為每項研究的變異數都是 1。表中顯示了 Stouffer 方法的結果，非常接近加總 t 值法所得的結果（Z=2.39 對 Z=2.33）。

- **加總加權後的 Z 值**

Mosteller 與 Bush（1954）建議了一種技巧，可讓我們依照樣本大小（或其自由度），或者任何其他想要的正向加權，如個別研究的優雅程度、內在效度、真實生活的代表性（生態效度）等，來加權每一標準常態差值。最後一章所闡明的方法則要求將權值與 Z 值的乘積予以加總以後，再除以權值平方和的平方根。表中顯示應用加權 Stouffer 方法計算的結果，自由度被當作權值。我們注意到，這裡所得的結果是我們所見到過的最低總 p 值。這是因為最低的 p 水準會給予最重的加權，因為它們連結著最大的樣本大小與自由度。Lancaster（1961）已注意到，當使用加權以後，Z 方法比 Fisher 方法加權要好，因為計算比較方便，而且最後所得的和也是常態變項。最後，如果恰恰是有兩項研究，Zelen 與 Joel（1959）告訴我們，怎麼去選擇權值可以讓型 II 誤差減到最少。

- **檢定 p 平均值**

Edgington（1972b）建議，如果是要組合四項或以上的研究，可以使用常態曲線方法。用.50 減 p 的平均值，再將此數乘以 12N 的平方根。其中，N 是研究項數（之所以會要乘 12，是因爲當沒有處理效果的虛無假設爲真時，p 的母群體變異數爲 1/12）。

- **檢定平均 Z 值**

在對 Stouffer 方法的此種校正中，Mosteller 與 Bush（1954）首先將 p 水準轉換成 Z 值。接著，他們對平均 Z 值進行 t 檢定，自由度則爲 Z 值的數目減 1。不過，Mosteller 與 Bush 建議，當所要組合之研究項數少於 5 時，不要採用此一方法。這是因爲當觀察數很少的時候，t 檢定的檢定力很低。表中舉例說明了此種低檢定力，顯示此種方法所得到的組合 p 值是所有檢閱過的方法中最大的。

其他方法

- **數算（Counting）法**

當所組合的研究項數增多時，有許多數算法可以用（Brozek & Tiede, 1952; Jones & Fiske, 1953; Wilkinson, 1951）。低於.50 的 p 值數可以被定爲正，大於.50 的 p 值數則定爲負。然後可以進行符號檢定。如果十五項研究中有十二項的方向是一致的，符號檢定會告訴我們這樣的結果很罕見，只有 3.6%的「偶然出現」的機會。Hall（1979,

1984）已經應用過此一程序及後續與此密切關聯的程序。

當要對預期在虛無假設下達到某一顯著水準的研究項數與實際達到該水準的研究項數進行比較時，χ^2 也是很有用的統計值（Rosenthal, 1969, 1976; Rosenthal & Rosnow, 1975; Rosenthal & Rubin, 1978a）。在應用的時候，表中會有兩個數算出來的方格，一個是達到某一決斷水準 p 的研究項數，另一個是未達到該決斷水準 p 的研究項數。如果有一百項以上的研究時，我們可以把決斷水準定在.05。對於該方格的期望次數是.05N，而另一方格的期望次數則是.95N。譬如，設若在一百二十項研究中有十二項顯示在同一方向上 p≤.05。那麼，兩個方格裡的期望次數就分別是.05（120）與.95（120），如表 5.2 所示。

表 5.2　評估關係之總顯著性的數算法（χ^2法）

數算	研究達到 p ≤ .05	研究未達到 p ≤ .05	Σ
求得值	12	108	120
期望值 （如果虛無假設為真）	6[a]	114[b]	120

注意：$\chi^2_{(1)} = \sum \dfrac{(O-E)^2}{E} = \dfrac{(12-6)^2}{6} + \dfrac{(108-114)^2}{114} = 6.32$，p=.012　　（5.8）

或因 $Z = \sqrt{\chi^2_{(1)}}$，所以 $Z = \sqrt{6.32} = 2.51$，p = .006，單尾。　　（5.9）

a. 依下式計算：.05（N）=.05（120）= 6。
b. 依下式計算：.95（N）=.95（120）= 114。

設定決斷值為.05 並非必要，也可以用.10 或.01。不過

建議最好讓較小的方格之期望次數也達到 5 或更大值。所以，除非我們總共有至少五百項研究，否則我們不會用到.01 的決斷值。要維持讓較小的期望次數也達到 5 或更大值，則如果有五十項研究，就要定.10 的決斷水準；如果有二十五項研究，就要定.20 的決斷水準。依此類推。一般而言，如果研究項數少於 100 而大於 9 時，我們就在一個方格裡給期望次數 5，另一個方格則給 N-5。在前一方格裡，觀察次數就是達到 $p < \frac{5}{N}$ 的研究項數。另一個方格的觀察次數則是 $p > \frac{5}{N}$ 的研究項數。那麼，結果的 χ^2 值就可以置入決斷域 χ^2 值表中。或者，也可以計算 χ^2 的平方根，得到 Z 值，也就是標準常態差值。雖然這個議題還沒有清楚的結果，不過數算法似乎沒有此處所描述的其他方法那麼有檢定力。

- ## 區隔（Blocking）法

最後一個方法則是由 Snedecor 與 Cochran（1967，亦可參見 Cochran & Cox, 1957）所提出的方法加以修改而成。它要求在一定條件下就每一項研究將平均值、樣本大小與均值平方重新建構。然後我們再將資料組合成為總變異數分析，其中，處理條件就是主要興趣之主效果；而各項研究則被視為區隔變項。如果由於各項研究間在其平均值與變異數上之差異而有需要時，各研究的依賴變項亦可置於一共同尺度上（譬如平均值為 0，變異數為 1）。

當各項研究被假定為一固定因素時，就像它們某些時候的情形（Cochran & Cox, 1957）那樣，或者當各種處理×研究效果的均值平方（MS）相對於組內 MS 值很小的時候，

處理效果就是用總共的組內 MS 來檢定（Cochran & Cox, 1957）。當研究被當作隨機的因素而處理×研究效果的均值平方（MS）相對於組內 MS 值很大的時候（譬如 F>2），處理×研究效果就是處理效果的適當誤差項。不管研究是否被視為固定或隨機因素，研究的主效果與處理×研究的交互作用都是用組內 MS 來檢定。

　　研究的主效果很大並不一定很令人感興趣，而通常處理×研究的交互效果大才是較感興趣的事。對於界定交互作用的殘差細加研究會有很大的好處，可提供關於影響處理效果運作之可能調節變項性質的線索。譬如，殘差分析可顯示：要顯示較大的預測效果，那些研究設計較佳（或較差）。區隔法有時候會因為作者可能在論文中未提供充分的資料而無法應用。

　　表 5.3 舉例說明最後一種方法，仍然應用前面使用過的一組有五項研究之例（見表 5.1）。這裡計算了未加權平均值的變異數分析，其結果落在前述方法所得到的結果範圍內。此一途徑的唯一真正缺點是它可能會比別種方法的工作多很多，特別是當研究項數增加為幾十或幾百時尤然。下面將示範計算未加權平均值的變異數分析的方法。

表 5.3 應用於表 5.1 之研究的組合機率區隔法

研究	控制 平均值（N）		實驗 平均值（N）		平均值	MS 誤差
1	0.48	（21）	2.00	（21）	1.24	17.13
2	0.00	（31）	2.48	（31）	1.24	16.69
3	2.00	（6）	0.48	（6）	1.24	19.25
4	0.12	（16）	2.36	（16）	1.24	17.37
5	0.36	（11）	1.12	（11）	1.24	17.74
平均值	.592		1.888		1.24	17.64

變異數分析：未加權平均值

來源	SS	df	MS	F
治療	4.1990	1	4.1990	2.98[*]
研究	0.	4	0.[a]	—
治療×研究	5.2442	4	1.3110	—
誤差		160	1.4110[b]	

a. 在這裡所構作的例子裡，各項研究的均方（MS）均為零，亦即，因為所有研究的平均值均設為彼此相等（等於零），各研究間的 SS 與 MS 亦必然等於零。即使在較為一般的例子裡，只要從每項研究所得之資料均被標準化成平均值為零，變異數為 1，則情形亦同。

b. 將在文字部分審視其計算過程。

* $Z=1.70$，$p=.045$，單尾。

• **計算：未加權平均值**

　　在別處有提供計算未加權平均值的變異數分析的細節（e.g., Rosenthal & Rosnow, 1984a; 第 20 章; 1991, 第 16 章）。基本上我們是在計算五項研究的控制與實驗條件下的平均值。

　　總 $SS = \sum (M-\overline{M})^2 = (0.48-1.24)^2 + (2.00-1.24)^2 + \cdots\cdots$

$+（0.36\text{-}1.24）^2+（2.12\text{-}1.24）^2 =9.4432$ （5.10）

列（研究）$SS=\sum[c（M_R\text{-}\overline{M}）^2]=2（1.24\text{-}1.24）^2+\cdots\cdots$
$+2（1.24\text{-}1.24）^2 =0$ （5.11）

欄（治療）$SS=\sum[r（M_C\text{-}\overline{M}）^2]=（5.592\text{-}1.24）^2+\cdots\cdots$
$+5（1.888\text{-}1.24）^2 = 4.1990$ （5.12）

列×欄 $SS=$ 總 SS－列 SS－欄 $SS=9.4432\text{-}0\text{-}4.1990= 5.2442$
（5.13）

當各研究、處理、處理乘研究之平方和（SS）除以適當之自由度時，分別得到 MS 值 0、4.1990、1.3110。

從原始十個條件之單一變異數分析所得之 MS 誤差值（17.64）除以樣本大小 n_h 的調和平均值，即可得誤差項。此處 $n_h=12.5016$，所以誤差項為：

$$\frac{17.64}{12.5016}=1.4110，如表 5.3 所示。$$

選擇方法

表 5.4 顯示使用九種組合機率方法的優點、限制與指示。不同的方法在特定情形下有各自的特殊優點。設想我們面對著二百項研究，但是每項研究都只提供了有沒有達到某一α水準的訊息。計算法（χ^2）可以提供快速的檢定，也許不是那麼優雅而又有檢定力的總機率估計。由於有這麼多項研究，我們可能會決定不用區隔法，因為它需要大量的工作而又沒那麼多的好處。我們也不能應用加總機率的基本方法，理由已如前述。不過其他方法大多可以應用。

表 5.4　九種組合機率方法的優點與限制

方法	優點	限制	使用時機
1. 加總對數法	過去已經建立得很好	累積有限；可支持相反結論	研究大小 N 很小（≦5）
2. 加總 p 值法	檢定力佳	當研究大小 N（或 p）很大時不適用除非做複雜的校正	研究大小 N 很小（Σp≦1.0）
3. 加總 t 值法	假如每項研究有最小的自由度就不受研究大小 N 影響	當 t 值係依極小 df 爲準時不適用	當研究不是依據極小的 df 時
4. 加總 Z 值法	通常可應用；簡單	假定變異數爲 1，某些情況下型 I 或型 II 誤差會增加	任何時候
5. 加總加權 Z 值法	通常可應用；允許加權	假定變異數爲 1，某些情況下型 I 或型 II 誤差會增加	需要加權時
6. 檢定平均 p 值法	簡單	研究大小 N 不應小於 4	研究大小 N≧4
7. 檢定平均 Z 值法	不假定變異數爲 1	研究大小 N 很小時檢定力低	研究大小 N≧5
8. 數算法	簡單且健全	需要大的研究大小 N；檢定力可能低	研究大小很大時
9. 區隔法	展示所有平均值供檢視，幫助尋找調整項（即在自變項與依賴變項間改變關係者）	當 N 很大時很費事；可能資料不充分	研究大小 N 不太大時

如果我們只是要組合幾項研究，我們可能會偏好加總機率法，而避免用檢定平均 Z 值法與計算法，這些在有大量研究的時候使用會比較恰當。

　　沒有那一種方法是在任何情況下都是最好的（Birnbaum, 1954），不過在最大多數條件範圍下都最能有幫助的一種方法也許是加總 Z 值法，不管加不加權。當研究項數少的時候，建議至少再用另外兩種程序，並且要把三種方法的總 p 值都要報告出來。當研究項數很大時，有用的組合方法也許是加總 Z 值法，配合上一種或多種數算法來檢查。根據對不同方法的實際經驗可知，只要是適當選擇的方法，彼此間很少會有重大的出入。當然，無庸贅言，如果已經算出某些總 p 值（或是其連結著自由度的檢定統計值），就都應該報告出來，不能因為它比研究者想要的值高或低就不予披露。

　　為使本章所述計算方法可以實用，作者們應該例常性地報告 t、F、Z 或其他檢定統計值暨其自由度或 N，而不是只做如下的模糊陳述：「t 在 p<.05 水準下顯著」。

　　報告檢定統計值暨其近似 p 水準也比只報告「精確」的 p 水準要好，這有三個理由：（1）缺少電腦或儲存了 Z、t、F 或χ^2分配的計算機，就很難確定精確的 p 水準；（2）可避免究竟要應用單尾或雙尾的模糊情況；（3）檢定統計值可讓我們計算精確的 p 值以及效果大小。談到效果大小，如果編輯者都例常性地要求要就每一檢定統計值報告效果大小（譬如 r、g、Δ或 d），將會非常有利。

　　最後，要注意，即使我們弄出很低的組合 p 值，我們

絕沒有說過典型的效果大小是多少，雖然我們已檢視了它的「存在」。我們將交由讀者依據相關係數、σ單位或其他估計值，對每一組合的 p 估計值做出可能的效果大小的估計。此一效果大小如有可能並應伴隨有信賴區間。

不要組合原始資料

有時候偶然會有兩項以上研究有原始資料。我們已見到這些資料可以用區隔法來做適當的組合。不過，我們可能會被誘惑，在沒有先以產生資料之研究為基礎去區隔或劃分資料前，就去組合原始資料。本節的目的就是要顯示，在沒有區隔以前就把原始資料混合在一起會有多麼誤導的或弔詭的結果，以幫助避免此種誘惑。

表 5.5 顯示四項研究結果，其中列出兩項主題之變項 X 與 Y 間的相關。每項研究之主題數無差異而這裡用很小的數目（n=2）以使範例單純化。對四項研究的每一項，X 與 Y 間的相關（r）都是-1.00。不過，不管我們再怎麼組合這四項研究的資料，都不會再有負的相關。事實上，r 值是從 0 到.80，前者是在將任兩項臨接研究混合起來時，後者是在混合第一與第四項研究資料時。表 5.5 剩下部分顯示可能的六種不同相關（.00、.45、.60、.67、.72、.80），這是被混合在一起的研究的函數。

表 5.5 合併原始資料的效果：四項研究

	研究 1		研究 2		研究 3		研究 4	
	X	Y	X	Y	X	Y	X	Y
主題 1	2	0	4	2	6	4	8	6
主題 2	0	2	2	4	4	6	6	8
平均值	1.0	1.0	3.0	3.0	5.0	5.0	7.0	7.0
r	-1.00		-1.00		-1.00		-1.00	

合併時所求之相關：		兩項研究			三或四項研究		
	r=	.00	.60	.80	.45	.67	.72
合併研究		1+2	1+3	1+4	1,2,3	1,2,3,4	1,2,4
		2+3	2+4		2,3,4		1,3,4
		3+4					

　　這些不調和的結果要怎麼解釋？如果檢視表 5.5 的四項研究中 X 與 Y 變項的平均值可以有助了解。X 與 Y 變項的平均值在各項研究之間有很大的差異，而彼此間則有很強的正相關。因此，在研究 1 中，X 與 Y 的分數都很低（雖然是完全的負相關）；而在研究 4 中，兩個分數都很高（雖然也是完全的負相關）。

　　從而，各研究之間差異雖然很大，變項 X 與 Y 之間卻有總的正相關。在這些研究之內，相關是負的（-1.00），但是分數的差異很小，小到足以被研究之間的差異淹沒。

　　雖然如果有用也許有時間從多項研究排列這些資料，來看總的結果模式，或者看如果我們規劃一項單一研究，其變異等於此處整組混合研究所示時，可能發生什麼。但是，表 5.5 是要嚴重警告：混合的原始資料可能會導出與得自個別的、較少變動的研究何等對立的結果（雖然不一定

是「錯」的）。

- Yule 與 Simpson 的弔詭（paradox）

將近一世紀以前，G. Udny Yule（1903）描述了一種處理 2×2 數算表時的相干問題。他顯示，在兩項研究中，由兩列與兩欄所界定的變項間被發現無相關（r=.00），但是當原始資料被混合後卻又可以得到正相關（r=.19）。類似地，Simpson（1951）也顯示，兩項研究原本有些許正相關（r=.03 與.04），但是當原始資料被混合在一起以後卻得到零相關。表 5.6 舉例說明 Yule（1903）、Simpson（1951）及其他人（e.g., Birch, 1963; Blyth, 1972; Fienberg, 1977; Glass et al., 1981; Upton, 1978）所述的問題。

表 5.6　數算表合併的效果

	研究 1		研究 2		合併後	
	存活	死亡	存活	死亡	存活	死亡
例 I						
治療組	100	1000	100	10	200	1010
控制組	10	100	1000	100	1010	200
∑	110	1100	1100	110	1210	1210
	r = 0		r = 0		r = .67	
例 II						
治療組	50	100	50	0	100	100
控制組	0	50	100	50	100	100
∑	50	150	150	50	200	200
	r = .33		r = .33		r = 0	

在表 5.6 的例 I 中，我們看到兩項研究顯示在處理條件

與後果間是零相關。但是當這兩項研究的原始資料混合以後，我們卻發現有.67的突出相關，提示這種處理係有害的。注意，在研究 1 中有 9%的病人存活著，而有 91%接受了處理（治療）；而在研究 2 中有 91%的病人猶存活，卻只有 9%接受治療。就是這些不相等的列與欄總和導出了 Yule（或Simpson）的弔詭詭論。

表 5.6 的例 II 顯示兩項研究每項都得到有利於處理（治療）條件（r=.33）的強效果。不過當將兩項研究混合在一起之後，這些強效果就都消失了。注意，在研究 1 裡只有 25%的病人存活，而有 75%的人接受治療，而在研究 2 裡，有 75%的病人存活，而只有 25%的人接受治療。如果列與欄的總和相等，混合前後的弔詭就不會發生。

混合的弔詭所提示的處理原則很清楚。除非是爲了前述探索性的目的，否則原始資料就不應該在未加區隔的情況下混合在一起。在多數時候，效果大小與顯著水準應該就每項研究分別加以計算，然後才加以組合。

特殊議題

在本章稍早，我們看到：加總 Z 值法可能是組合機率一般而言最有用的方法。在下面這一節裡，我們會指出幫助使用此一方法的程序。

得到 Z 值

　　加總 Z 值法首先要把所得到的每項研究之單尾 p 水準轉換成相對應的 Z 值。當單尾 p 值為.50 時，Z 值為 0；當 p 值減小從.50 向 0 趨近時，Z 值為正；當 p 值增加從.50 向 1 趨近時，Z 值為負。所以，單尾.01 的 p 值相連的 Z 值為 2.33，而單尾.99 的 p 值相連的 Z 值為-2.33。這些值可以從與常態分配的 Z 觀察值相對應之機率的表中查出，大多數統計參考書中都有。

　　對後設分析者不幸的是，很少研究會報告與所得到的 p 值相對應的 Z 值。更糟的是所得到的 p 值還常是不精密的，像是 p<.05 或 p<.01 等，所以，p 可能是.001、.0001 或.00001。如果研究中只提供了 p 值，我們就只能使用常態分配表去找與所報告的 p 值相對應的 Z 值。因此，單尾 p 值.05、.01 與.001 可分別查出相對應的 Z 值 1.65、2.33 與 3.09（如果只說結果是「不顯著」，沒有進一步的資料，我們別無選擇，就只能把結果視為 p 是.50，Z=0.00）。

　　因為研究論文中常未精密報告 p 值，所以如果要組合 p 值，最好是能回溯所用的原始檢定統計值，像是 t、F 或 χ^2 等。還算幸運，有許多期刊都會要求例常性地報告這些統計值及其自由度。t 的自由度與變異數分析裡 F 檢定中分母的自由度都可以告訴我們研究的大小。χ^2 的自由度就好像變異數分析中 F 檢定的分子之自由度，並不能告訴我們抽樣單位數，而是條件數。幸運地，1983 年版的「美國心理學會出版手冊」增加了一項要求，就是在報告 χ^2 檢定統計

值的時候，除了要報告自由度外，也要包括總數 N。

• 檢定統計值

如果是採用 t 檢定，我們可以用 t 值表找到與所得到的 t 值相對應的 Z 值。設若 t（20）=2.09，則 p=.025，單尾。我們從自由度=20 的這一列開始查 t 值表，橫向找到 t 值爲 2.09。然後我們從這一欄往下查，找到自由度=∞，這就是相當於自由度爲無限大時的 t 值（1.96）的 Z 值。然而，設若 t 值是 12.00 而自由度爲 144 呢？當 t 值大且自由度也大的時候，即使是擴展了的 t 值表可能也幫不上忙（Federighi, 1959; Rosenthal & Rosnow, 1984a, 1991）。碰到這種情形，有一種方式可以從 t 準確估計 Z 值（Wallace, 1959）：

$$Z = \sqrt{df \log_e (1 + \frac{t^2}{df})} \sqrt{1 - \frac{1}{2df}} \qquad (5.14)$$

還有一個式子可以求得較保守的近似值，頗爲有用（Rosenthal & Rubin，1979a）：

$$Z = t(1 - \frac{t^2}{4df}) \qquad (5.15)$$

當 t^2<自由度時，此一近似估計最爲接近；但是當 t^2=自由度時，此一近似估計就會比從公式 5.14 所得到的 Z 值小了 10%。

如果所採用的檢定統計值是 F（從變異數分析而來）而分子的自由度是 1，我們會把 $\sqrt{F}$ 當作 t，而與 t 檢定作法相同，t 的自由度等於 F 比例的分母的自由度。我們應該注意，分子自由度>1 時的 F 比例不能用來組合 p 水準，而就

方向性的假設提出意見。

如果採用χ^2檢定統計值（討論列聯表中的獨立性），而自由度=1，我們會直接用$\sqrt{\chi^2}$，因為$\chi^2（1）=Z^2$。應該注意，分子自由度>1的χ^2值不能用來組合 p 水準，而就方向性的假設提出意見。

當採用$\sqrt{F}$或$\sqrt{\chi^2}$時，必須確定有給 Z 適當的符號以指出效果的方向。

• **效果大小估計**

有時候，我們要求 Z 值，但是研究中並未提供檢定統計值（如 t、F、χ^2等），但是卻有像 r（包括點二數列 r 與φ）、g、Δ或 d 等效果大小估計，併同粗略的 p 水準指標，如 p<.05。碰到這種情形，我們可以依據如下的關係求出有用的 Z 近似值：$（\varphi）^2=\chi^2（1）/N$，所以，$N（\varphi）^2=\chi^2（1）$而$\sqrt{N}（\varphi）=\sqrt{\chi^2(1)}=Z$。

在 r 或點二數列 r 的情形中，乘上$\sqrt{N}$即得到一般較為保守的 Z 近似值。如果用下式解 t，可以得到更準確的值：

$$t = \frac{r}{\sqrt{1-r^2}} \times \sqrt{df} \quad \text{或} \quad t = \frac{r}{\sqrt{1-r^2}} \times \sqrt{N-2} \quad (2.3)$$

然後再用 t 來估計 Z，如公式 5.14 或 5.15。

此處不擬討論怎麼從其他效果大小估計求出 t，這些可以在公式 2.3-2.13（表 2.1 與 2.2）、4.19 與 4.20 中找到有關訊息。

檔案櫃問題

統計學者與行為研究者長久以來一直懷疑行為與社會科學上發表的研究其實是真實進行之研究的偏誤樣本（Bakan, 1967; McNemar, 1960; Smart, 1964; Sterling, 1959）。所謂檔案櫃問題就是偏誤問題的極端看法，此種看法是認為期刊中充斥著顯示型 I 誤差的 5%的研究，但是，實驗室檔案櫃裡卻充斥著沒有達到顯著（譬如 p>.05）結果的另外 95%的研究（Rosenthal, 1979a; Rosenthal & Rubin, 1988）。

過去我們無力去評估下面這種情形的淨效果：沒有達到神奇 .05 水準的研究就被存檔在安全的檔案櫃裡（Rosenthal & Gaito, 1963, 1964; Nelson, Rosenthal & Rosnow, 1986）。不過，現在雖然還沒有對此問題的明確解決方法，但是我們可以對此問題提出合理的界限，並可估計檔案櫃問題對任何研究結論的可能傷害程度。處理檔案櫃問題的基本觀念只不過是：在把型 I 誤差的總機率弄到所欲的顯著水準（好比.05）以前，先計算那些必然是在檔案櫃裡平均達虛無結果（Z=0.00）的研究項數。然後我們可以來評估被存檔於檔案櫃裡的研究項數，或者說，對未來虛無結果的容忍度，看這樣的容忍水準是否小到足以威脅檢閱者所摘得的結論。如果研究檢閱的總顯著水準只要再加多一些虛無結果就會被拉低到恰恰顯著的水準，這樣的發現就不能抵擋檔案櫃的威脅（如果對以下的計算需要更多有關技術上的討論，請看 Rosenthal & Rubin, 1988）。

- 計算

我們只要用公式 5.16 就可以求出：要把新的總 p 值弄成任何所欲的水準，譬如恰恰在 p=.05（Z=1.645）的水準下顯著，所需要之平均達虛無結果而且是新的、被存檔的或未被擷取的研究項數（X）。寫法只是：

$$1.645 = \frac{K\overline{Z}}{\sqrt{K+X}} \tag{5.16}$$

其中，K 是組合的研究項數，而 $\overline{Z}$ 則是從 K 項研究所得到的 Z 的平均值。

重組以後則顯示：

$$X = \frac{K\left[K\overline{Z}^2 - 2.706\right]}{2.706} \tag{5.17}$$

如果有提供 Z 值的和，而不是平均 Z 值，下面有另一個更方便的公式：

$$X = \frac{(\sum Z)^2}{2.706} - K \tag{5.18}$$

如果沒有精確的 p 水準，有個可用的方法是以數算法而非加總 Z 值法為基礎，計算容易，但是可能檢定力較差。如果 X 是要把總 p 值弄成.50（不是.05）所需之新研究的項數，s 是達 p<.05 顯著且被摘要之研究項數，而 n 是未達.05 顯著而被摘要之研究項數，則：

$$X = 19s\text{-}n \tag{5.19}$$

其中，19 是不顯著（p>.05）結果之總數對虛無假設為真時所預期的顯著（在 p<.05）結果數的比例。

當沒有精確的 p 水準時，還有一個較保守的途徑，就是把任何不顯著的結果設為 Z=.00，而把任何在 p<.05 水準顯著的結果設為 Z=1.645。

上面的公式都假定：K 項研究中的每一個都獨立於所有其他 K-1 項研究，至少是指彼此應用不同的抽樣單位。不過，還有其他意義的獨立。譬如，我們可以想像在同一實驗室裡進行的二項或以上的研究，獨立性會比在不同實驗室裡進行的二項或以上的研究弱些。對於這種不獨立性，可以用像組內相關這一類程序來評估。是否這類不獨立性會增加型 I 或型 II 誤差呢？這似乎部分視從那些「有關」或「很近似」的研究所得到的 Z 值之相對量而定。如果相關 Z 值平均而言高於或等於 Z 的大平均值（按不獨立性校正過），那麼，我們把所有研究視為獨立所算得的組合 Z 值就會太大，會導致型 I 誤差的增加。如果相關 Z 值平均而言明顯低於 Z 的大平均值（按不獨立性校正過），那麼，我們把所有研究視為獨立所算得的組合 Z 值就會太小，會導致型 II 誤差的增加。

- **舉例說明**

在 1969 年，我們摘要了九十四項實驗，都是在探測人際自我實現預言的效果（Rosenthal, 1969）。這些研究的平均 Z 值是 1.014，K 是 94，而組合的 Z 值為：

$$\frac{\sum Z}{\sqrt{K}} = \frac{K\overline{Z}}{\sqrt{K}} = \frac{94(1.014)}{\sqrt{94}} = 9.83$$

要使很大的 Z 值減成恰恰顯著（Z=1.645），需要多少

新的、被存檔的或未被擷取的研究項數（X）呢？從前一節的公式 5.17 可得：

$$X = \frac{K\left[K\overline{Z}^2 - 2.706\right]}{2.706} = \frac{94\left[94(1.014)^2 - 2.706\right]}{2.706} = 3,263$$

我們發現，在我們要下結論說總的結果是由於檢閱者所摘要之研究中的抽樣偏誤所導致以前，必須把 3.263 項平均達虛無結果（$\overline{Z} = .00$）之研究塞入檔案櫃裡。在同一研究題域裡較近期的摘要（Rosenthal & Rubin, 1978）中，三百四十五項研究的平均 Z 值是 1.22，K 是 345，而 X 是 65,123。而在更近期的同一研究領域的摘要中，平均 Z 值是 1.30，K 是 443，而 X 是 122,778。因此，在我們可以將總的結果合理歸因於抽樣偏誤以前，一定有超過十二萬項平均達虛無結果而未報告之研究存在於某個角落裡。

- **容忍水準的指引**

現在還沒有什麼確切的指引可以告訴我們，未被擷取或未被發表的研究項數不可能是多少。就某些研究題域而言，一百個或甚至五百個未被發表或未被擷取的研究項數並不為過，但是就其他題域而言，甚至連十個或二十個都不可能。也許任何粗略的和現成的指引都應該部分以 K 值為基礎，那麼，只要知道越多項研究，同題域的其他研究被存檔在檔案櫃裡的可能性就越大。也許，當組合結果的容忍水準（X）達到 5K+10 時，我們就可以把檔案櫃問題看成是健全的。這看來是保守但合理的容忍水準。5K 的部

分是說：檔案櫃裡不可能有五倍於檢閱者的研究。至於+10
是要設定被安全存檔的研究項數的最小值為 15（當 K=1
時）。

　　似乎有越來越多的研究文獻檢閱者會去估計平均效果
大小及其所摘要之研究的組合 p 值。如果對他們所提出的
每一組合 p 值，檢閱者都提供對應於其總顯著水準之未來
的虛無結果，這會對讀者有很大的幫助。

- **檔案櫃問題數量的經驗性估計**

　　在第 3 章我們檢視了由期刊論文、專書、學位論文與
未發表著作等訊息來源所獲之效果大小差異。當時我們看
到在期刊上已發表的研究與未發表的研究之間所獲得的典
型效果大小並沒有什麼明確的差異。在本節中我們要強調
的是顯著性檢定而非效果大小估計，而且我們將試著獲得
檔案櫃問題數量的一些合理估計。

　　首先，沒有什麼疑問的，結果的統計顯著性與是否被
發表有正相關。譬如，在一系列六項研究裡，此項相關的
值範圍是在.20 到.42 之間，中位數 r 值為.33。這樣的結果
大約相當於：在一個半數已發表、半數未發表，半數顯著、
半數不顯著的諸多研究所構成的母群體中，凡結果顯著的
有三分之二被發表了，而結果不顯著的卻只有三分之一能
獲得發表（此處分析所依據的六項研究為：Atkinson, Furlong
& Wampold, 1982; Blackmore, 1980; Chan, Sacks & Chalmers,
1982; Coursol & Wagner, 1986; Simes, 1987; Sommer,
1987）。

- **擷取偏誤之估計**

　　爲估計躺在檔案櫃裡可能失去作用的研究之數量，已經進行過若干研究。Shadish、Doherty 與 Montgomery（1989）從一個一萬四千零二名婚姻／家庭治療專家的母群體中簡單隨機抽樣出五百一十九名可能的研究者。樣本中有三百七十五（72%）人就其所進行的研究做了回答，由此只得到能被包括在後設分析中的三項研究（$\bar{d}$ =.34）。Shadish、Doherty 與 Montgomery 做出如下的暫時性結論：檔案櫃可能容納了一百一十二（14,002×3 / 375）項研究，這比他們進行中的後設分析所擷取的約一百六十五項研究要少。

　　在一項對研究者母群體的全體成員所做調查中，Sommer（1987）寫信給月經週期研究協會（Society for Menstrual Cycle Research）的全體一百四十位成員。基於 65% 的回復率，Sommer 並沒有發現有什麼發表偏誤。在七十三項已發表研究中，30%在所預測方向上是顯著的；在四十二項關於發表管道的研究中，38%在所預測方向上是顯著的；在二十八項安全發出的研究中，29%是顯著的。當只考慮那些有顯著檢定資料的研究時，對應的百分比則是 61%、76%、40%。Sommer 的研究有一項有趣的附帶發現是：文章發表與否最好的預測項是作者的生產力。

　　應用不同的探究方式，Rosenthal 與 Rubin（1988）比較了某一題域完全擷取情況的後設分析結果與同一題域更典型的不完全擷取情況的結果。

- **完全擷取對不完全擷取**

對於稍早對人際期望效果之一百零三項研究的後設分析，這些研究可再分為兩組，一組是全部都可以擷取的，因為它們全都是在單一實驗室（Rosenthal, 1969）裡進行的；第二組則是在他處所進行。表 5.7 顯示這兩組進一步細分後的各組平均 Z 值，進一步細分是將研究再分成是否（a）在原始的後設分析時（1969）已發表；（b）初時未發表，但是在本次分析時（1990）已發表；（c）初時未發表，在 1990 年時仍未發表。

表 5.7　兩種可擷取條件的平均 Z 值

擷取	發表情形			
	已發表	後來發表	從未發表	平均值
完全	1.08[20 a]	-0.16[11]	0.60[18]	0.63[49]
不完全	2.60[10]	1.05[24]	1.39[20]	1.46[54]
平均值	1.58[30]	0.67[35]	1.02[38]	1.06[103]

a. $\overline{Z}$ 所依據的研究數。

表中所計算的一百零三項研究之 Z 值的變異數分析顯示，交互作用（$F_{(2,97)}=0.49$，p=.614）很小，因而下面的對比即可透露實況。比較可擷取性，求出 $t_{(97)}=2.92$，p=.0022，r=.17；比較曾發表與未曾發表的研究，求出 $t_{(97)}=0.24$，r=.05；比較在後設分析時已發表的研究與後來才發表的研究，求出 $t_{(97)}=2.52$，p=.0077，r=.16；比較後設分析時已發表與當時未發表的研究，求出 $t_{(97)}=2.32$，p=.011，r=.15。

因此，平均說來，完全擷取的資料之後設分析比不完全擷取的資料之後設分析的結果較不顯著。此一結果符合我們的猜疑：完全擷取的資料比不完全擷取的資料結果較不顯著。不過，在此表中，可擷取性和一特定實驗室的生產完全混淆了。這個結果和其他實驗室就同一研究問題所產生的結果可能有好幾方面的不同。

發表情形的效果更令人驚訝。如所預期的，已發表的結果比初時尚未發表的結果要更顯著。不過，在初時未發表的研究中，後來發表了的又比仍未發表的要不顯著些。因此，發表情形的作用力要看我們是將後來發表的研究與仍未發表者同一組（如在原初後設分析時所做的），還是和已發表的同一組（如我們容許未發表的研究再有幾年時間好被發表時的作法）而定。

- **立即性對延遲性後設分析**

  表 5.8 顯示，立即性後設分析會導致不小的發表情形偏誤，其 t（97）=2.29，p=.012，r=.15。然而，延遲性後設分析（容許後來再發表）基本上不會有發表情形偏誤，其 t（97）=0.24，p=.405，r=.05（見表 5.9）。

  下述事實提供了對後設分析研究設計相關的訊息：初時未發表的研究最遲可延到十三年後才發表，發表時間的眾數為一年，中位數為三年；在五年以後，原未發表的三十五項研究中有三十三項（94%）已經發表。

表 5.8　立即性後設分析的平均 Z 值

擷取	已發表	未發表	差異
完全	1.08^{20}	0.31^{29}	0.77
不完全	2.60^{10}	1.20^{44}	1.40
平均值	1.58^{30}	0.86^{73}	0.72

表 5.9　延遲性後設分析的平均 Z 值

擷取	已發表	未發表	差異
完全	0.64^{31}	0.60^{18}	0.04
不完全	1.50^{34}	1.39^{20}	0.11
平均值	1.09^{65}	1.02^{38}	0.07

練習

1. 就第 4 章裡的練習中所摘要的六項研究的每一項，均計算 t 值、自由度值、單尾 p 值、對應於每一 p 值的 Z 值，及數量 $-2\log_e p$。

2. 應用（a）加總對數法、（b）加總 p 值法、（c）加總 t 值法、（d）加總 Z 值法、（e）加總加權 Z 值法、（f）檢定 p 平均值法、（g）檢定平均 Z 值法等，組合六項研究的機率。

3. 暫時假定，問題 2 所計算的七項組合 p 值是獨立的。請檢定七項所得之 p 水準的異質性，並解釋結果統計值及其對應的 p 水準。

4. 有五十項研究可供你擷取進行後設分析，平均標準常態差值（Z）為.75（對應的單尾 p 值約為.23），要把總結果弄成在 p=.05 的不顯著邊緣，檔案櫃裡必須要有多少平均達虛無結果（Z=.00）且未被擷取的研究？

5. 假想在第 4 章的練習中，表裡的六項研究我們都有原始資料，請以文字及數字例示說明：如果我們將六項研究的原始資料混合在一起，可能會得到與我們在第 4 章練習裡所發現的結果方向相反的結果，這是怎麼回事呢？

6

後設分析程序的實例說明

　　基於實際後設分析的結果，這裡提供了各種後
設分析程序的實例說明。這些例子是從如下研究中
取得的：非口頭溝通技術、PONS 檢定的效度、欺
騙檢測、人際期望效果、心理治療效果、認知表現
上的性別差異等。

　　前面幾章裡，在描述各種後設分析程序時，所舉的說
明例子都是假設性的，以便計算、也好操作。但是這一章
裡我們要舉一些後設分析的實例。原則上，對於我們所要
檢視的每一種後設分析，我們幾乎都可以舉例說明本書裡
描述的每一種後設分析程序。不過，為了展示目的，我們
將應用每個後設分析的例子來舉例說明幾種原則與程序。

效果大小的陳示與組合

　　DePaulo 與 Rosenthal（1979）進行了一項針對非口頭暗示之解碼技術與非口頭暗示之編碼技術間關係之研究的後設分析。表 6.1 是十九項研究結果的最新摘要。之前已經出現過的枝葉展示及其統計摘要（表 3.8 與 3.9），可以用來展示後設分析的結果。讓眼睛盯著枝葉展示圖，比只是告知中位數 r 為.16，或者平均值 r 為.13，要更有提示作用。

表 6.1　枝葉展開圖及編碼與解碼技術之間相關的統計摘要

相關　（r 值）		摘要統計值	
枝	葉	（依據 r 而非 z_r）	
.6	3 5	最大值	.65
.5	5	第三四分位數（Q_3）	.29
.4		中位數（Q_2）	.16
.3	2	第一四分位數（Q_1）	.00
.2	0 0 1 8 9	最小值	-.80
.1	6	$Q_3 - Q_1$	.29
.0	0 0 0 4 5 5 9	$\hat{\sigma}$ [.75（$Q_3 - Q_1$）]	.22
-.0		S	.33
-.1		平均值	.13
-.2		N	19
-.3	6	正號之比例 [a]	.88
-.4			
-.5			
-.6			
-.7			
-.8	0		

a.　在有正負號的項目中。

前五項載入之摘要統計值毋需再多做說明。Q_3-Q_1 是指效果大小的中間 50%的範圍。.75（Q_3-Q_1）則是當常態分配時準確估計 σ 值的量，所以，當分配為常態時，它近似於 S。在表 6.1 的資料中，S 比.75（Q_3-Q_1）要大很多，這意味著這些效果大小可能不是常態的分配。假如要進行更正式的常態檢定，可以應用 Kolmogorov-Smirnov 檢定方法（Lilliefors, 1967; Rosenthal, 1968）。

枝葉展開圖及其統計摘要當然可以用於任何效果大小估計。譬如，Rosenthal 與 Rosnow（1975, p.23）就曾比較一般男女性中自願參加行為研究的比率。其枝葉展示的自願參加率差異為 51，這也就是效果大小估計 d'。在這個分析中，女性的自願參加率平均高於男性，差異中位數 d'是.11。84%的一般自願參加的研究中都有發現此種差異的方向。

效果大小與顯著水準的組合

為要使 PONS 檢定（一種被設計來測量對非口頭暗示的敏感度的工具）的建構有效，Rosenthal、Hall、DiMatteo、Rogers、Archer（1979）等人進行或定位了二十二項研究，藉此，PONS 檢定的總分被拿來和評判員對受試者的人際或非口頭敏感性的評定求相關。表 6.2 顯示後設分析的結果。此處的展示包括所有表 6.1 中與效果大小的組合相干的元

素。不過，另外的三種組合機率的方法也被應用，並且在摘要統計的下部列出。

表 6.2　枝葉展開圖及 PONS 檢定效度係數（r）的統計摘要

| 相關（r 值） | | | 摘要統計值 |
枝	葉		（依據 r 而非 z_r）
.5	5	最大值	.55
.4	5 6 9	第三四分位數（Q_3）	.33
.3	1 2 3 4	中位數（Q_2）	.22
.2	0 2 2 6 9	第一四分位數（Q_1）	.05
.1	0 1 5	最小值	−.35
.0	0* 1 6	$Q_3 - Q_1$	.28
-.0	4	$\hat{\sigma}$ [.75（$Q_3 - Q_1$）]	.21
-.1	9	S	.22
-.2		平均值	.20
-.3	5	N	22
		正號之比例	.86
		正號比例的 Z	3.41[a]
		組合 Stouffer Z	3.73[b]
		平均 Z 值的 t 檢定	3.86[c]
		r 與 Z 間的相關	.86[d]

a.　p = .0003
b.　p = .0001
c.　p = .0005
d.　p = .0000002，從公式 2.3 而得。
* 這個 r 值是正號。

　　所列出的第一種組合機率的方法是一種數算法。在虛無假設之下，我們預期相關係數中有 50% 會有正號。但是，這裡的實際結果卻顯示有 86% 的研究有正號。原來在虛無

假設下二十二個 r 值應該有十一個正號，實際卻有十九個是正號，我們可以應用二項式擴展來計算：如果虛無假設爲真，我們預期極端結果會是多常發生。我們也有現成的表可查，可以幫助我們更容易找出所要的 p 值（e.g. Siegel, 1956; Siegel & Castellan, 1988）。

不過，對於大多數的實際運用，我們可以應用二項式分配的常態近似值，即使樣本數不大的時候此法也可以操作良好。

$$Z = \frac{2P - N}{\sqrt{N}} \qquad (6.1)$$

其中，P 是所求得的效果大小爲正的數目，而 N 則是所求得之正與負的效果大小的數目。注意：沒有標明符號的效果大小被排除於此處的分析之外。

對於表 6.2 中的資料，P=19，N=22，所以：

$$Z = \frac{2P - N}{\sqrt{N}} = \frac{2(19) - 22}{\sqrt{22}} = 3.41，= .0003單尾$$

在這裡，如果我們應用比較費工夫的二項式擴展，則 p 值將會是 .0004。在應用 Z 檢定的時候，如果效果的方向恰如所預測之方向，我們就給 Z 正的值；如果非預期的方向，就給負的值。

表 6.2 中也列出了應用 Stouffer 的方法所得到的 Z 值。在此一後設分析中，二十二項 Z 值的和爲 17.48。從公式 5.4 可得：

$$\frac{\sum Z}{\sqrt{N}} = \frac{17.48}{\sqrt{22}} = 3.73 \text{ 爲所求Z值，而 } p = .0001單尾$$

表 6.2 中所用的第三種組合顯著水準的方法是檢定平均 Z 值法。在此一後設分析中,二十二項 Z 值的均方為.93。因此,從公式 5.7 可得:

$$t(21) = \frac{\sum Z/N}{\sqrt{S^2_{(z)}/N}} = \frac{17.48/22}{\sqrt{.93/22}} = 3.86$$

其自由度為 21,在單尾 p=.0005 水準下顯著。

最後,表 6.2 報告了二十二項效果大小(r 值)及其統計顯著性程度(Z 值)間的相關。.86 的 r 值很大,這可以依這組效度研究之樣本數相當接近為理由來說明。從公式 2.2 我們知道,Z 與 r 之間的關係受 N 的平方根影響多於 N 本身的影響。對於此一後設分析中的二十二項研究,$\sqrt{N}$ 的範圍是從 2.4 到 9.3,而中位數 $\sqrt{N}$ 為 4.4。因為在各不同研究題域裡樣本數有某種同質性,我們常會發現效果大小與統計顯著水準之間有很大的相關(Rosenthal & Rubin, 1978a)。這是很有用的結果,因為有時候在某一研究題域中我們恰好只能得到顯著水準,但是我們還想能夠猜測出效果大小。基於此處的結果,典型情形可能是:在某一研究題域內,越是顯著的結果,強度也越大。

效果大小之組合與區隔

Zuckerman、 DePaulo、Rosenthal 等人(1981)對於

欺騙探測的準確性進行了後設分析的工作，他們從估計準確程度的研究中擷取了七十二項結果。準確度用 r 來界定，而七十二項 r 值的中位數為.32。在這七十二項結果中，提供給受試者各種訊息來源或欺騙之暗示，包括臉部、身軀、日常記錄的言詞、過濾內容的言詞（語調）及說話的手稿等暗示。

　　表 6.3 顯示各種訊息來源、管道或組合管道所得到的中位數 r（與對應的 z_r）。總的中位數 r 值.32 使我們相信，欺騙是可以探測得出來的。但是我們很難釐清究竟是那一種管道提供了最佳的訊息來源，讓我們能探測欺騙。就是為了要弄清楚各種管道對探測欺騙的相對貢獻，所以我們要區隔或劃分七十二項結果為表 6.3 的九種次類。

表 6.3　在九項研究樣本中檢測欺騙（r）的中位數準確度

樣本	訊息來源	研究項數 N	中位數 r	z_r
1	臉與身體與說話	21	.33	.35
2	臉與身體	6	.07	.07
3	臉與說話	9	.45	.48
4	臉	7	−.08	−.08
5	身體與說話	3	.55	.62
6	身體	4	.10	.10
7	說話	12	.36	.38
8	語音	4	.06	.06
9	文件	6	.40	.42
	中位數	6	.33	.35

　　如果我們將表 6.3 的前七種來源重新安排成表 6.4 所顯

示的 2×2×2 行列的 z_r 值，就可以獲得臉部、身軀與言詞等三種主要管道對於探測欺騙之相對貢獻的清楚圖像。我們也可以藉由對所顯示的八項平均值進行變異數分析，快速獲得這三種管道及其組合的相對貢獻的圖像。注意，沒有臉部、身軀、言詞的情形載入資料爲.00，這是一種理論值，如果是在沒有訊息時就不可能有準確性。

表 6.4 八種訊息來源之檢測欺騙（z_r）準確性，依 2×2×2 多因子變異數分析安排

	說話		不說話	
	臉	無臉	臉	無臉
身體	.35	.62	.07	.10
無身體	.48	.38	-.08	.00[a]

變異來源	MS[b]	總變異比例
臉	.0098	.02
身體	.0162	.04
說話	.3784	.86
臉×身體	.0128	.03
臉×說話	.0005	.00
身體×說話	.0025	.00[c]
臉×身體×說話	.0220	.05

a. 理論值。

b. 全部 df=1；因為沒有用到顯著性檢定，所以也沒有估計任何的誤差之 MS。

c. 更精密的值為.0057。

　　表 6.4 的下半部顯示上半部八項 z_r 值的變異數分析。注意：並沒有做顯著檢定。這裡的目的只是要獲得變異來源之相對強度的全貌而已。分析清楚顯示，言詞是欺騙探

測的最重要暗示來源。

　　一旦我們看到言詞是與探測欺騙有關的主要訊息來源，我們可能會想要知道是言詞的那一面向（譬如是語調還是內容）是在提供相干暗示上最重要的。幸運地，我們可以應用表 6.3 的樣本 7、8、9 來討論這個問題。表 6.5 將這些資料按表 6.4 的類似形式列出。結果也是很清楚的。在言詞的兩種成分中，檢測其對探測欺騙的相對貢獻，結果是內容而不是語調提供了最多有用訊息。

表 6.5　四種訊息來源之檢測欺騙（z_r）準確性，依 2×2 多因子變異數分析安排

	內容	無內容
語音	.38	.06
無語音	.42	.00[a]
變異來源	MS[b]	總變異比例
內容	.1369	.98
語音	.0001	.00
內容×語音	.0025	.02

a.　理論值。

b.　全部 df=1。

　　本節要點重述。我們從對七十二項研究結果的總準確度估計到將結果細分，以釐清我們所感興趣的理論問題。藉著將後設分析細分，我們才能夠顯示言詞對於視覺暗示的相對支配性，並進一步顯示，在言詞之內，內容比語調更是欺騙暗示的來源。如果我們要有更正式的顯著性檢定，可以用第 4 章的焦點化比較法。在本章後段，對此較正式

的比較法的應用提供了進一步的說明。

效果大小之組合、區隔與信賴區間

　　在其對於人際期望效果的三百四十五項研究的後設分析中，Rosenthal 與 Rubin（1978）將這些研究分為八種題域，然後再來處理。他們應用分層隨機抽樣程序來估計八項研究題域中的每一種的效果大小（Cohen's d）與信賴區間。表 6.6 顯示，動物學習題域的全部 95% 信賴區間都落在反應時間與實驗室訪問題域的信賴區間之上。實驗者對於其動物受試者表現之期望的效果，似乎穩定大於實驗者對於人類受試者之反應時間與訪問反應之期望的效果。

　　表 6.6 也顯示，平均效果大小的信賴區間最廣的大都是在日常生活脈絡裡進行的研究，像是學校、診所、工作場所等。分別針對總的後設分析結果與細分的或區隔了的後設分析結果計算信賴區間，可以給我們一些很好的提示，我們在母群體與次母群體中預期可能得到什麼樣的效果大小的值。對於涉及分層隨機抽樣的後設分析，Rosenthal 與 Rubin（1978）提供了計算的細節。表 6.6 最後一欄顯示，就八種研究題域來說，在效果大小（d）與顯著水準（Z）之間有很高的相關。

表 6.6　在八種研究領域裡所得到的人際期望效果

研究領域	研究項數 N	$\bar{d}$	95 % 信賴區間：[c] 從	到	d 與顯著水準（Z）間的相關
反應時間	9	.17	.03	.31	.91
墨跡測驗	9	.84	-.06	1.74	.85
動物學習	15	1.73	.97	2.49	.69
實驗室訪問	29[a]	.14	-.36	.64	.89
心理物理判斷	23[a]	1.05	.49	1.61	.62
學習與能力	34[a]	.54	-.13	1.21	.66
個人認知	119[a]	.55	.10	1.00	.69
日常情境	112[b]	.88	-.34	2.10	.46
估計平均值		.70	.30	1.10	.72

a.　依據十五項研究的分層隨機樣本之分析。

b.　依據二十項研究的分層隨機樣本之分析。

c.　依據現有研究項數（而非現有主題數）之信賴區間。

比較效果大小：早期的比較

　　早期對於人際期望效果研究的後設分析之一是以十個實驗者樣本爲準，實驗者在研究開始以前就先說出期望得到什麼樣的平均值資料（Rosenthal, 1961, 1963）。然後，對於每一樣本，均計算實驗者期望得到的資料與實際得到的資料間的相關。應該注意，這些樣本的每一個在實驗誘發的期望上都很同質。因此，所得到的相關並不能評量實

驗誘發的期望之效果，而只能評量在實驗者給出期望之後的實驗中之個人差異。實驗者能有的期望範圍其實很有限，因為研究者已經誘導了期望。

　　表 6.7 顯示十個實驗者樣本中期望的與所得到的資料間的相關。此一分析的目的是在比較十個樣本的兩個分組。表 6.7 的前五個樣本（1-5），是在一般資料蒐集的條件下得到的；後五個樣本（6-10）則是在高誘導抵抗（reactance）的條件下得到的（Brehm, 1966）。後面的實驗者樣本有提供特殊誘因，以得到他們被引導期望得到的資料，或者有明顯指示讓他們造成研究結果偏誤。問題是：是否這些「有高度動機的」實驗者可能比只有普通動機的（也就是控制）樣本，在所期望與所得到的資料間顯示出較高或較低的相關。

　　表 6.7 的最後一欄顯示要檢定前五項 r 值與後五項 r 值是否不同的問題所需要的對比權值（λ值）。從公式 4.27 可得到：

$$Z = \frac{\sum \lambda_j z r_j}{\sqrt{\sum \dfrac{\lambda_j^2}{w_j}}} = \frac{(1)(2.65) + (1)(.68) + ... + (-1)(-.32)}{\sqrt{\dfrac{(1)^2}{3} + \dfrac{(1)^2}{3} + ... + \dfrac{(-1)^2}{3}}}$$

$$= \frac{5.39}{\sqrt{3.11}} = 3.06 \text{，p=.0022 雙尾}$$

表 6.7　在十項實驗者樣本中期望資料與所得資料間的相關

樣本	實驗者數 N	r	z_r	w[a]	λ
1	6	.99	6.25	3	1
2	6	.59	.68	3	1
3	6	.43	.46	3	1
4	6	.41	.44	3	1
5	12	.31	.32	9	1
6	6	.00	.00	3	-1
7	6	-.10	-.10	3	-1
8	6	-.21	-.21	3	-1
9	6	-.21	-.21	3	-1
10	6	-.31	-.32	3	-1
Σ	66	1.90	3.71	36	0

a.　（N-3）

　　因此，對這十個樣本，碰到較大的抵抗誘導的實驗者在其期望的與所得到的資料間的相關顯著偏低。

　　當檢定特定對比時，不必要先檢定效果大小的異質性，就如同在變異數分析時，當規劃某個對比時也不必計算總 F 檢定（Rosenthal & Rosnow, 1984a, 1985, 1991）。不過，假如我們要對這十個效果大小的異質性做檢定，下面是我們的作法。首先應用公式 4.16，可以得到加權的 z_r 平均值：

$$z_r = \frac{\sum(N_j - 3)z_{r_j}}{\sum(N_j - 3)} = \frac{3(2.65) + 3(.68) + ... + 3(-.32)}{3 + 3 + ... + 3}$$

$$= \frac{13.05}{36} = .36$$

　　這是應用公式 4.15 所需要的量數，效果大小異質性的檢定會做如下估計：

$$\Sigma \left(N_j - 3 \right) \left(z_{r_j} - \bar{z}_r \right)^2$$

$$= 3 \left(2.65 - .36 \right)^2 + 3 \left(.68 - .36 \right)^2 + \cdots\cdots + 3 \left(-.32 - .36 \right)^2$$

$$= 20.46 = \chi^2 \left(K-1 \right) = \chi^2 \left(9 \right), \quad p < .02.$$

因此，十個效果大小彼此間有顯著差異。注意：這自由度爲 9 的 χ^2 值 20.46，是分攤不平均的，這和前五項 r 值相對於後五項 r 值的對比有關。對比 Z 之值爲 3.06，其對應的 $\chi^2 \left(1 \right)$ 爲 $Z^2 = \left(3.06 \right)^2 = 9.36$，這代表了總計 $\chi^2 \left(9 \right)$ 值 20.46 的 46%。$\chi^2 \left(9 \right)$ 與 $\chi^2 \left(1 \right)$ 間的差異是 20.46-9.36=11.10，這剩下自由度爲 8 的 χ^2 值並不顯著（p=.196）。

其他有用的方法（檢定力也許較弱）

我們用來比較表 6.7 中前五項與後五項效果大小所用的程序，應用了所有的資料訊息。也就是說，它能使用應用於每項研究的實際樣本數。在本節裡，我們將簡述一些程序，將每項研究視爲單一的觀察，以便可以得到同樣的結果，不管每項研究是應用十個、一百個、或一千個樣本個案。

第一個例子，設想我們只是計算 t 值，要比較表 6.7 中前五項與後五項研究的 z_r 平均值。結果 t 爲 2.44，自由度爲 8，在雙尾 p<.05 水準下顯著。如果表 6.7 中每個 z_r 值都是基於 N 爲 100 而得，那麼，t 就不會受到影響。然而，依我們用於這些資料的公式 4.27，則當每項研究的樣本數越大時就會得到越來越顯著的結果。

第二個例子，我們可以應用 Mann-Whitney 的 U 檢定（Siegel, 1956; Siegel & Castellan, 1988）。此種檢定是要探討一個母群體是否整個地大於另一母群體（對此種檢定的一般性討論請見 Siegel[1956] 或 Siegel & Castellan [1988]）。在表 6.7 資料中我們有很特別的例子，也就是完全不重疊的分配的情形，而且每個樣本都有相等的 n（這裡是 5 與 5），這時候我們可以從下面的公式來估計 Z 值：

$$\sqrt{\frac{3n^2}{2n+1}} \tag{6.2}$$

此項估計即使在樣本很小的時候也很適用，就像這裡的例子一樣。我們的資料是 $n_1=n_2=n=5$，所以求出 Z 為：

$$Z = \sqrt{\frac{3n^2}{2n+1}} = \sqrt{\frac{3(5)^2}{2(5)+1}} = 2.61 \text{，} p = .009 雙尾$$

應用 Siegel 的較精密的表，得到雙尾 p 值.008，與我們的近似估計的結果很一致。這兩個方法並不是要用來取代公式 4.27。不過，如果只是要快速檢視兩研究樣本間的差異，它們是很有用的。它們的缺點是當每項研究的 n 增加時，並不能多獲得什麼，而且不像公式 4.27 那麼有彈性，允許我們做任何想要做的比較。

比較效果大小：晚近的比較

最後我們來看一種最涵蓋性的後設分析的例子，一種

「第三級」的分析。此種分析先由 Smith 等人（1980）提出，再由 Prioleau、Murdock 與 Brody（1983）做了再分析。一般說來，Prioleau 等人的再分析，以及稍早 Landman 與 Dawes（1982）所做的再分析，都支持 Smith 等人（1980）所得到的結論。

　　Prioleau 等人（1983）檢視了一組研究，是比較心理治療與安慰劑治療的效果的。底下我們將在本書所描述的後設分析程序架構內來檢視這組研究，別處也將討論到此種程序（Rosenthal, 1983b）。

　　表 6.8 將此處後設分析的結果做了摘要。三十二項研究被分（或區隔）成五組。前三組完全是學生，按年齡層分為小學、中學、大學組。後兩組全部是病人，按所用的安慰劑分成心理組與醫療組。心理安慰劑組病人（以及所有的學生組）接受某種安慰劑，而從病人看來這也是某種意義的心理治療。醫療安慰劑組病人則只接受藥丸安慰劑，也就是說，他們只接受「醫藥」安慰劑治療。

　　表 6.8 前兩列顯示所摘要的研究項數與資料被鍵入為平均效果大小（Hedges's g）決定力的總人數。第三列是每組的平均 g 值，第四、第五列則是標準常態差值（Z）與相應於每一 g 值的 p 水準。大學生與同樣被給予心理安慰劑的病人，結果比起安慰劑控制組來，都有很大的心理治療成果，差異顯著達 p 小於.001。效果大小的總平均值為.24（P<.000005，單尾），這個結果比 Prioleau 等人與 Smith 等人所得到的都要小，因為此處計算時有加權，係按公式 4.18 與 4.3 所示之 g 變異數之倒數加權。

表 6.8　應用於心理治療效果後設分析之統計摘要

		學生			病患		全部組合結果	Prioleau 等人（1983）所報告之組合結果
		小學	中學	大專	心理安慰劑	醫療安慰劑		
1.	研究數	6	6	10	6	4	32	32
2.	總人數	363	306	319	236	216	1440	未報告
3.	加權平均值 g	.17	.06	.53	.44	.02	$.24^a$	.42（未加權）
4.	平均值 g 之 Z	1.58	0.52	4.56	3.26	0.15	4.50^b	未檢定
5.	上述 Z 之 p^c	.06	.30	.001	.001	.44	$.001^d$	未報告
6.	g 異質性之 χ^2	44.4	1.94	13.9	19.4	1.02	80.66	未檢定
7.	上述 χ^2 之自由度	5	5	9	5	3	27	未報告
8.	上述 χ^2 之 p	.001	.90	.15	.002	.80	.001	未報告
9.	線性對比之 Z	-4.54	-0.57	-0.13	2.35	-0.91	-1.70	未依對比檢定
10.	上述 Z 之 p	$.001^d$	.28	.45	.009	.18	.04	報告為不顯著
11.	基於線性對比之 r	-.24	-.03	-.01	.16	-.06	$-.05^e$	-.21

a. 加權平均值所依據的五個 g 值彼此有顯著差異，$\chi^2(4) \cong 13.87$，p<.008。

b. 計算方式為：$\Sigma Z / \sqrt{5}$。

c. 單尾。

d. 更精密的值為 p<.000004。

e. 加權平均值 r 所依據的五個 r 值彼此有顯著差異，$\chi^2(4) \cong 22.75$，p<.00014。

6 後設分析程序的實例說明　187

表 6.8 的 6、7、8 列是效果大小異質性檢定的結果，也就是每一研究組的 g 值彼此間是否顯著不同之檢定的結果。小學生的研究與接受心理劑病人的研究兩者所得到的 g 值有顯著異質性（見公式 4.17 與 4.18）。

　　第 9、10、11 列涉及研究大小與 g 值大小間關係的問題。線性對比的 Z 值與 p 值顯示，在小學生組中，較小的研究會得到較大的 g 值（P<.000004; r=-.24）。但是在接受心理劑病人中，較大的研究會得到較大的 g 值（p=.009; r=.16）。因此，雖然對於所有被組合的研究，較小的研究會關聯到較大的 g 值，但是有些情形是和此種總體關係相反而且達到統計顯著的。

　　表 6.9 顯示，所檢視的這五組的 g 平均值可以應用公式 4.28 與 4.3 或 4.21 之一，在一組四種對比的架構中做有意義的比較。第一種對比顯示，在心理治療比安慰劑更有效的比較程度上，學生與病人間沒有什麼差異。第二種對比顯示，學生年齡越大，所得到的 g 值也越大。第三種對比顯示，小學生與大學生組的平均得到的 g 值大於中學生組（要解釋這裡年齡的對比，必須注意這裡的年齡可能與 IQ、治療類型、安慰劑控制類型等等因素的作用相混淆）。第四種對比顯示，心理治療的效果在相對於心理組時比相對於醫療安慰劑控制組時更顯著。也許安慰劑很有效，以致於心理治療的效果很難超過它。

表 6.9　在五組心理治療效果研究間的對比

對比	Z	p（單尾）
學生對病患	.20	.42
學生年齡上的線性趨勢	2.27	.012
學生年齡上的二次（quadratic）趨勢	2.08	.019
心理對醫療安慰劑	2.18	.015

　　我們還需要進一步的研究才能去深論最後這個問題，去幫助了解：顯著線性的與二次的（quadratic）年齡對比，在 g 與 N 之間有時爲正、有時爲負的相關的意義，以及小學生研究與接受心理安慰劑病人研究間所得到的 g 值爲什麼有顯著異質性等問題。

　　本節是要舉例說明：怎麼去系統地應用後設分析程序，以便能對於某一研究題域獲致較確定的推論。不過，大家也很清楚，後設分析並不是要關閉一個研究題域的進一步研究。事實上，它們可以被用來幫助我們更清楚地形構（formulate）該研究應該是什麼樣子。

　　最近有一組類似的後設分析程序在進行，是關於認知功能的性別差異的研究（Rosenthal & Rubin, 1982b）。在此一分析中我們指出，在 Hyde（1981）所探究的四種認知功能題域裡，效果大小有顯著異質性。此外我們也顯示，在較近期所進行的研究中，全部四種題域裡，在認知的表現上，女性都比男性的進步要大（未加權平均 r=.40）。

單樣本效果大小指數： π

在本章中迄今爲止所有用過的效果大小指數都是兩樣本或多樣本的指數，如：d、g、r 等。然而，這種效果大小指數不能直接應用於如下的研究領域：採用單樣本、拿表現與理論值來比較，如果表現並非優於所期望者（如果虛無假設爲真）之通常期望水準。譬如在所謂 Ganzfeld 研究中，受試者被要求猜測：那四個或五個或六個刺激是由遞送者「傳遞」出來的(Harris & Rosenthal, 1988; Honorton, 1985; Hyman, 1985; Rosenthal, 1986）？針對這種單樣本的情況，遂發展出一種效果大小測量：π（Rosenthal & Rubin，1989）。這個指數被表述爲當只有兩種選項可供選擇時的正確猜測的比例。如果是多於兩種選項的情形時，π 就要轉換成如果只有兩個同等類似的選項時所做猜測的猜中比例：

$$\pi = \frac{P(k-1)}{P(k-2)+1} \quad\quad (6.3)$$

其中，p 等於猜中的原始比例，而 k 則爲可以有的對立選項的數目。

求π的標準誤可依下式：

$$SE_{(\pi)} = \frac{1}{\sqrt{N}}\left(\frac{\pi(1-\pi)}{\sqrt{P(1-P)}}\right) \quad\quad (6.4)$$

如此則可循以下 Z 檢定的方式檢定某一π值的顯著性：

$$Z = \frac{\pi - .50}{SE_{(\pi)}} \qquad (6.5)$$

信賴區間也很容易求出。譬如，求 95%的信賴區間，可應用下式：

$$\pi \pm 1.96\, SE_{(\pi)} \qquad (6.6)$$

獨立 π 值間的對比可做如下檢定：

$$Z = \frac{\sum \lambda_j \pi_j}{\sqrt{\sum \left(\lambda_j^{\ 2} SE^2_{(\pi)_j} \right)}} \qquad (6.7)$$

最後，我們可以從如下的關係檢定一組 π 值的異質性：

$$\chi^2\, (K-1) = \sum \left(\frac{\pi_j - \bar{\pi}}{SE_{(\pi)_j}} \right)^2 \qquad (6.8)$$

其中：

$$\bar{\pi} = \frac{\sum w_j \pi_j}{\sum w_j} \qquad (6.9)$$

而：

$$w_j = \frac{1}{\left(SE_{(\pi)_j} \right)^2} \qquad (6.10)$$

應用所有這些公式的例子，請看 Rosenthal 和 Rubin（1989）。

表 6.10 為二十八項 Ganzfeld 研究之效果大小（π）枝葉展開圖，而表 6.11 則是這些資料的摘要統計。

表 6.10　二十八項「直接猜中」Ganzfeld 研究效果大小（π）的
　　　　枝葉展開圖 [a]

枝	葉					
90	5	6				
90						
80						
80	2					
70	7					
70	0	1	1	1	1	2
60	7	7	8	8	8	9
60	0	0	2			
50	5	7				
50	4	4	如果虛無假設爲真，所期望之平均值			
40	7					
40	3	4				
30						
30						
20	5					
20						
10						
10						
00						
00	0					

a.　對效果大小之指數π會直接猜中之機率等於.50。

　社會研究的後設分析程序

表 6.11　二十八項「直接猜中」Ganzfeld 研究之摘要統計

集中趨勢（π）		可變異性	
未加權平均值	.62	最大值	.96
加權 [a] 平均值	.62	第三四分位數（Q_3）	.71
中位數	.68	中位數（Q_2）	.68
> .50 之比例	.82	第一四分位數（Q_1）	.54
		最小值	
顯著檢定		Q_3-Q_1	
組合 Stouffer Z	6.60	$\hat{\sigma}$: [.75（Q_3-Q_1）]	.00
π –.50 平均值的 t 檢定	3.39	S	.17
> .50 比例的 Z 值	3.40	S / $\sqrt{N}$　（S.E.）	.13
		健全性 $\dfrac{(\overline{\pi} - .50)}{s}$	

信賴區間 [b]

	從	到	
95%	.55	.70	.19
99%	.52	.72	.04
99.5%	.51	.73	.63

a.　按每項研究嘗試數；嘗試總數為 835。

b.　依據二十八項研究的 N。

　　我們可以應用平均效果大小除以標準誤（S / $\sqrt{N}$，其中 N 為反復的總數），或僅除以 S，作為從一組反復研究裡所得平均效果大小的穩定性、可重複性或清晰性的稍微複雜些的指標。上述的後一種指標，即平均效果大小除以其標準差（S），是變異係數的倒數或某種健全（robustness）係數（Rosenthal, 1990）。

反復研究的健全係數

　　雖然平均效果大小的標準誤以及圍繞平均效果大小的信賴區間是很有用（Rosenthal & Rubin, 1978），但是有時候應用健全係數也很有用，因為它不會僅隨著反復數增加就增加。因此，如果我們要比較兩個研究領域的健全性，並調整每個領域反復研究數的差異，我們也許會更偏好這種被界定為變異係數之倒數的健全係數。

　　此一係數的功用是基於兩種觀念：第一，反復的成功、清楚或健全係依賴所獲效果大小的同質性；第二，它也依賴結果方向性的清楚、不模糊。因此，當效果大小的變異數減小而效果大小與零的距離加大時，一組反復就可以更健全。再者，平均值可以是加權了的、未加權的、或是修勻過的（Tukey, 1977）。事實上，它不一定要是平均值，任何定位性或集中趨勢的測量（例如中位數）皆可。

7

後設分析程序與後設分析結果之評價

> 　　對後設分析事業的描述與批評，包括抽樣偏
> 誤、訊息流失、方法與品質異質性的問題、獨立性
> 問題、誇大顯著水準、任何特殊估計之效果大小的
> 實際重要性等。

　　我們已經有機會檢視各種後設分析程序，所以可以執
行研究題域的後設分析了。但是我們真的要這麼做嗎？最
後這一章的目的就是要來檢視對後設分析的一些負面評
價，並且要評價這些評價的是非。

　　就在 1980、1981、1982 年間，就發表了三百篇以上討
論後設分析議題的論文（Lamb & Whitla, 1983）。並且持續
快速地成長（Hunter & Schmidt, 1990）。這算是在行為與
社會科學發展上跨了一大步嗎？還是標誌著像旅鼠樣的飛

向災難？依對過去後設分析事業的反應來評判，的確有些
人抱持較悲觀的看法。大約有三十六位學者被邀請對有關
人際期望效果研究的後設分析做出回應（Rosenthal & Rubin,
1978），雖然許多評論是針對人際期望效果的實質議題，
但是也有很多人是針對後設分析程序的方法面向與其成
果。有些人提出的評論正好就像 Glass（1978）所預期的那
樣。稍早時就有人評論 Glass 的（Glass, 1976）和他與同事
的（Smith & Glass, 1977; Glass et al., 1981）後設分析著作。
本章中將把對後設分析的評論分成六個概念範疇，加以描
述、討論。

抽樣偏誤與檔案櫃問題

　　這種批評是說，因為有可擷取性上的偏誤，所以所擷
取到的研究並不能代表有被進行過的研究的母群體。這個
批評的一種版本是：刊登的機率會隨結果的統計顯著性而
增加，所以被刊登的研究並不能代表被進行過的研究。這
個批評可以接受，不過，它也同樣適用於傳統敘述性的文
獻檢閱法。關於檔案櫃問題的討論，在第 5 章中曾述及一
組程序，可用來處理這個問題。
　　一種比較奇怪的批評版本是說：沒有被擷取的研究基
本上就是被擷取之研究的鏡中反像（Rosenthal & Rubin,
1978）。因此，如果一百項研究的組合 Z 值為+6.50，就可

以假設另有一組收藏在檔案櫃裡的研究，其組合 Z 值為-6.50。為什麼會這樣？沒有提出運作機制的說明。對這種批評也就無從回答。我們可以輕易假設有如下的宇宙：對於任何被觀察到的結果，都存在另一個未被觀察到的結果，在量上或在顯著水準下與其相等且方向相反。

訊息的損失

過度強調單一值

關於訊息損失的兩種批評，第一種是在提醒如下的危險：想要用像平均效果大小等單一值來將一個研究題域加以摘要。這種批評的說法是：用單一值來界定自然中的關係，會導致對調節變項的忽略。但是如果我們不僅把後設分析視為包括組合效果大小（與顯著水準），還包括用分散的與特別是聚焦的方式比較效果大小，那麼，這種批評就不是那麼有力了。

- ### 忽略負向的案例

我們所討論的這種批評的一項特例是說：由於強調平均值，會因而忽略了負向的案例。可以有幾種方式來界定負向的案例，譬如，p>.05、r=0、r 為負值、r 為顯著負向

等等。不管我們怎麼樣界定負向案例，當我們把研究樣本分成負向與正向案例時，我們就是在把原本連續性的效果大小或顯著水準加以二分，而且，說明負向案例只是尋找調節變項的一種特殊例子。

掩飾細節

說後設分析掩飾細節，這沒有錯，不過，同樣也可以這麼說傳統敘述性的文獻檢閱法，及每項有做統計計算之研究的資料分析者。摘要本就意指掩飾（gloss over）細節。我們用平均值與標準差來描述一個近於常態分配的分數，這對該分配而言，已是近乎完美的描述。如果分配是二次式的，平均值與標準差就不能貼切地摘要這項資料。怎麼才能「掩飾得好」，這是資料分析者個別研究時的工作，也是後設分析者在後設分析時的工作。提供讀者所有被摘要之研究的所有原始資料，固然避免了這種批評，但是卻未能履現有用的檢閱功能。提供讀者所得效果大小的枝葉展示，及效果大小的分散式與聚焦式比較結果，確實掩飾了一些細節，但是也提供了很豐富的訊息。

當然，沒有理由反對後設分析者去閱讀每項研究並加以評量，就像較傳統的文獻檢閱者那麼仔細地閱讀、有創意地評量。事實上，在後設分析中，確有某些操作上的查核做法，以要求仔細閱讀文章。如果我們不仔細地閱讀結果，就不可能得到效果大小與顯著水準。在傳統式的檢閱中，可能很仔細地閱讀結果，也可能完全不讀，因為有摘

要或討論節，提供「結果」給較傳統的檢閱者。

異質性的問題

方法的異質性

關於異質性（heterogeneity）的問題，兩種批評中的第一種提到：後設分析對各項研究求其平均，然而各項研究的自變項、依賴變項與抽樣單位都不一致（not uniform）。當某些自變項的操作化方式只是告訴實驗者任務容易或艱難，或告訴實驗者受試者擅長或不擅長完成任務時，我們怎麼能用後設分析的話來說人際期望效果呢？當依賴變項有時是反應時間、有時是 IQ 測驗分數、有時是對墨跡的反應時，我們又怎麼能後設分析地說人際期望效果呢？當抽樣單位有時是老鼠、有時是大學二年級生、有時是病人、有時是小學生時，我們又怎麼能說這些效果呢？這些不都是非常不同的現象嗎？它們怎麼能被混合放在同一個後設分析當中呢？

Glass（1978）很雄辯地談到了這些議題——蘋果與橘子的議題。他寫道：如果是想要概括為水果，它們是很適合混在一起的。事實上，如果我們願意把受試者涵蓋到同一項研究裡，我們為什麼不願意把各種研究涵蓋在一起呢？

如果受試者的行為異於常態，我們就把他的特徵加以區隔開來，以幫助了解原因。同樣地，如果各項研究間得到很不同的結果，我們也可以把研究特徵加以區隔，以便了解為什麼。如果能夠對於水果做出一般性的陳述，會是很有用的。進而，如果我們能對蘋果、對橘子，以及對於兩者間的差異，提出一般性陳述，也是很有用的。後設分析並沒有要反對這麼做啊！事實上，第 4 章就特別詳細討論了這些程序。

品質的異質性

對後設分析最常見的一種批評是：把壞的研究跟好的丟到一起去。這個問題可以被解剖成兩個部分：（1）什麼是壞研究？（2）我們應該怎麼處理壞研究？

• **界定「壞」研究**

通常很少有人質疑決定什麼是壞研究的程序可能有偏誤，或可能被宣告為偏誤（Fiske, 1978）。常常，壞研究就是所得到的結果讓我們不喜歡的研究，或者，如 Glass 等人（1981）所說，是我們「敵對者」的研究。因此，當研究的檢閱者告訴我們他們除去了壞研究時，如果這麼做所依據的判準我們還能接受，我們就該滿意了。在第 3 章裡對於這些判準有所討論，並計算其信度。

• 處理壞研究

　　研究在品質向度上的分配當然不是二分的（好對壞），而是連續性的，而是有所有可能的品質程度。因為我們已經在第 3 章裡仔細處理過這個議題，此處僅做一簡報：處理壞研究，或更準確地說，處理研究品質的差異性，基本方法就是給予各項研究不同的加權。除去某項研究其實也就是給予零的加權值的特殊情形。

　　關於研究品質最重要的問題是 Glass（1976）所問的問題：在研究品質與所得效果大小間有關係嗎？如果沒有關係，那麼，把品質差的研究納入並不會影響到平均效果大小的估計，不過它會使平均值的信賴區間減小。如果在研究品質與所得效果大小間卻有關係，我們可以應用任何我們覺得合理（而我們能說服同事與批評者，使之也覺合理）的加權系統。

獨立性問題

研究內部的反應

　　關於獨立性的問題，兩種批評中的第一種提到：某些效果大小估計與顯著性檢定可能是由每項研究內的同一群受試者所產出的。在某些情形下這種批評是很恰當的。第 2

章仔細地處理過這個問題。

整組研究內部的研究

即使當所有的研究都只得到單一的效果大小估計及顯著水準，甚至當所有的研究所用的抽樣單位都不在其他研究中出現時，仍然有可能在某種意義下說結果不是獨立的。也就是說，研究是在同一實驗室裡進行的，或是由相同的研究群所進行，所以比起由其他實驗室或其他研究群所進行的研究來，彼此間較為近似（以組內相關而言）（Jung, 1978; Rosenthal, 1966, 1969, 1979, 1990b; Rosenthal & Rosnow, 1984a）。這個問題在概念上與統計上的意涵還未顯豁，不過，已經初步有一些資料觸及此一議題，並且至少有些許的確定。

表 7.1 顯示一系列九十四項關於人際期望效果的研究，都被區隔或劃分為七個研究題域（Rosenthal, 1969）。對於每一題域均計算組合的 Z 值，一次是以該題域研究項數 n 為準，一次則是以實驗室或主要探究者數 n 為準。對於大多數的研究題域，研究項數 n 與實驗室數 n 都沒有多大差異，所以其 Z 值也沒有什麼差異。在 Z 值上唯一值得注意的差異是有一個研究題域裡有較多的研究項數（n=57），而實驗室數則只有（n=20）。然而，即使是在這裡，似乎也不太可能從這兩種分析方法中得到極不同的結論。

社會研究的後設分析程序

表 7.1　分別就研究與實驗室計算之顯著水準

研究領域	研究		實驗室		差異
	Z	n	Z	n	按 Z 值計
動物學習	8.64	9	8.46	5	.18
學習與能力	3.01	9	2.96	8	.05
心理物理判斷	2.55	9	2.45	6	.01
反應時間	1.93	3	1.93	3	.00
墨跡測驗	3.55	4	3.25	3	.30
實驗室訪問	5.30	6	5.30	6	.00
個人認知	4.07	57	2.77	20	1.30
全部研究	9.82	94[a]	9.55	48[b]	.27

a.　有三個輸入數值不是獨立的，而跨各領域的平均 Z 值被用做單一獨立輸入數值。

　　不過，也許最重要的結果是當我們比較九十四項研究的總 Z 值與四十八個實驗室的總 Z 值時所見到的。當我們從每項研究的分析移至每個實驗室的分析時，組合的 Z 值減少了不到 3%。如果能有應用效果大小估計的類似分析會很有用。

誇大顯著水準

截斷顯著水準

　　有人建議，把所有小於.01 的 p 水準（Z>2.33）報告爲.01

（Z=2.33），因爲 p 值小於.01 有可能是錯的（Elashoff, 1978）。我們不能建議截斷（truncate）Z 值，這麼做最終會導致嚴重的推論誤差（Rosenthal & Rubin, 1978）。如果有理由懷疑某一 p 水準<.01 是錯的，當然應該在應用於後設分析以前就做修正。不宜只因爲 p 小於.01，就把它改成 p=.01。

太多項研究

作爲對後設分析的批評，已經有人注意到，當研究項數越多時，拒絕虛無假設的機率就越大（Mayo, 1978）。當虛無假設爲假時，就應該予以拒絕，如果增加觀察數（不管是研究內部的抽樣單位或是新的研究），確實會增加統計檢定力。但是，很難接受這種對程序的批評爲正當，增加準確度、減低錯誤率——此處爲型 II 誤差——的特徵有什麼可批評之處呢？當然，當虛無假設確實爲真時，增加研究數並不能增加拒絕虛無假設的機率。也應該注意，增加研究數並不會增加所估計的效果的大小。

後設分析的一項相關特徵是：一般而言，它可能會導致型 II 誤差的減少，即使研究數並不很多亦然。第 1 章裡在摘要 Cooper 與 Rosenthal（1980）的研究時就有談到對這個議題的經驗支持。在程序上要求研究檢閱者更有系統、使用更多資料訊息，這似乎與增加檢定力有關，換言之，也就是可減少型 II 誤差。

估計效果大小的實際重要性

　　Mayo（1978）批評 Cohen（1977），指後者把只能說明變異的 14% 的效果大小說成效果很大（d=.80）。類似地，Rimland（1979）也覺得 Smith 與 Glass（1977）的心理治療結果研究的後設分析聽起來像是心理治療的喪鐘，因爲相當於.32 的 r 值的效果大小只說明了變異的 10%。

二項式效果大小展示

　　儘管對於估計效果大小的重要性了解日益增加，要從實際用處的觀點來衡量各種不同的效果大小估計數還是有問題（Cooper, 1981）。Rosenthal 與 Rubin（1979b, 1982c）發現，有經驗的行爲研究者與有經驗的統計學者並沒有較佳的直覺，能察覺像 r^2、$omega^2$、$epsilon^2$ 及其他類似估計值等共同效果大小估計數的實際意義。

　　因此，Rosenthal 與 Rubin 引進了一種可訴諸直覺的通用效果大小展示，即二項式效果大小展示（BESD），其解釋可完全透明。他們無意宣稱，環繞各種效果大小估計數使用的差異與爭議都已經解決了。但是，他們的展示還是會有用，因爲它極易爲研究者、學生與外行人所了解，也因爲它可適用於廣泛不同的脈絡中，且便於計算。

　　BESD 所處理的問題是：設定一種新治療程序、新選擇設計、或新預測變項，對於成功率（譬如存活率、治癒

率、改善率、選擇率等等）有什麼效果？因此它展示的是可歸因於新治療程序、新選擇設計、或新預測變項的成功率的改變。有個例子可以顯現這樣展示的用處。若求出估計平均效果大小為.32 的 r 值，近似於 Smith 與 Glass（1977）及 Rosenthal 與 Rubin（1978）分別對於心理治療效果與人際期望效果所報告的效果大小。

表 7.2 是對應於.32 的 r 值或.10 的 r^2 值的 BESD。這個表清楚顯示，效果大小相當於把成功率從 34%增加到 66%（譬如把死亡率從 66%減少為 34%），如果說這樣的效果大小不大，顯然很荒謬。即使 r 只有.20，「只」解釋 4%的變異，相當於成功率從 40%增加到 60%，譬如把死亡率從 60%減少為 40%，這也很難說是微小的效果。也許有人以為（e.g., Hunter & Schmidt, 1990, p.202）BESD 只適用於二分的結果（譬如死對活），而不適用於連續性的結果（譬如：由心理治療而改善，或是由於有利的人際期望而在表現上得以改進等的利式量表分數）。不過，很慶幸，BESD 在廣泛的條件下都能同時適用於這兩種結果（Rosenthal & Rubin, 1982c）。BESD 的方便之處在於它可以輕易轉換成 r 值（或 r^2 值），或從 r 值（或 r^2 值）轉換成此種展示。

表 7.3 顯示，成功率系統地隨著各種 r^2 值與 r 值相應的增加。譬如，.30 的 r 值「只」說明變異的 9%，相應於死亡率從 65%減少到 35%，或者更一般性地說，成功率從 35%增加到 65%。表 7.3 最後一欄顯示，成功率的差異等於 r 值。因此，實驗組的 BESD 成功率算出來是.50+r/2，而控制組的成功率則為.50-r/2。

表 7.2　r 值爲.32 而「只」說明 10%變異之二項式效果大小展
　　　示（BESD）

| 條件 | 治療結果 | | Σ |
	存活	死亡	
治療	66	34	100
控制	34	66	100
Σ	100	100	200

表 7.3　對應於各種 r^2 與 r 值的成功率（BESD）改變

| 效果大小 | | 成功率增加的等量 | | |
r^2	r	從	到	成功率的差異 [a]
.00	.02	.49	.51	.02
.00	.04	.48	.52	.04
.00	.06	.47	.53	.06
.01	.08	.46	.54	.08
.01	.10	.45	.55	.10
.01	.12	.44	.56	.12
.03	.16	.42	.58	.16
.04	.20	.40	.60	.20
.06	.24	.38	.62	.24
.09	.30	.35	.65	.30
.16	.40	.30	.70	.40
.25	.50	.25	.75	.50
.36	.60	.20	.80	.60
.49	.70	.15	.85	.70
.64	.80	.10	.90	.80
.81	.90	.05	.95	.90
1.00	1.00	.00	1.00	1.00

a.　在 BESD 中成功率的差異等於 r。

Propranolol 研究與 BESD

在 1981 年 10 月 29 日，國立心、肺、血液研究所正式停止其 propranolol 安慰劑控制研究，因為研究結果明顯支持治療效果，所以如果不讓安慰劑控制組的病人接受治療，就是不道德了（Kolata, 1981）。這兩年的研究資料是以二千一百零八位病人為基礎，而 χ^2（1）約為 4.2。那麼，是什麼樣的效果大小使該研究所中斷其研究的呢？是因為使用 propranolol 可說明死亡率 90%的變異嗎？是 50%、10% 或非常微小的效果大小使我們放棄心理治療嗎？從公式 2.15 可求得說明變異數的比例（r^2）：

$$r^2 = \frac{\chi^2}{N} = \frac{4.2}{2108} = .002$$

因此，propranolol 研究中斷是因為說明了變異數的 1%的五分之一的效果！要展示此結果為 BESD，就要取 r^2 的平方根，以求出 BESD 的 r 值。這個 r 值約為.04，展示如表 7.4 所列。身為行為研究者，我們不習慣把.04 的 r 值認為是反映什麼有實際重要性的效果大小。但如果我們是一百名力圖從一種結果變成另一種結果的人中的四人，我們可能就會改變對於小效果實際重要性的觀感了。

表 7.4　中斷之 Propranolol 研究的二項式效果大小展示

條件	治療結果		
	存活	死亡	Σ
治療組	52	48	100
控制組	48	52	100
Σ	100	100	200

　　在生物醫學研究中，類似 propranolol 研究的這種結果並不是那麼罕見（Rosenthal, 1990a）。幾年後，在 1987 年的 12 月 18 日，議決要提早終止一項隨機雙盲實驗，此實驗在研究阿斯匹靈對降低心臟病的效果（Rosnow & Rosenthal, 1989; 醫師保健研究團體指導委員會[Steering Committee of the Physicians Health Study Research Group], 1988）。終止此一大型研究（N=22,071）的理由是，阿斯匹靈在預防心臟病（和死亡）上有很大的效果。因而，如果繼續給其中一半的就診者安慰劑是不道德的。這個重要效應的 r^2 值約為 propranolol 效應之 r^2 值的一半大小，即 .0011 對 .0020，而阿斯匹靈效應的 r 值為 .034。表 7.5 為這些結果的摘要，同時還呈現了一些其他的結果，這些雖然有醫療、行為和／或經濟上的重要性，但是也只產生「很小的」r 值。

在解釋效果大小上的注意事項

　　Rosenthal 與 Rubin（1982c）指出，用 BESD 來報告效果大小，可以更易於直覺理解，也有更豐富的訊息。他們相信，使用 BESD 來展示由治療所導致的成功率增加，比

通常所用的效果大小描述，特別是比說明變異數比例更能傳達真實世界裡治療效果的重要性。

表 7.5　七個獨立變項的效果大小

獨立變項	依賴變項	r	r²
阿斯匹靈 [a]	心臟病發	.03	.00
Propranolol[a]	死亡	.04	.00
越南退伍軍人狀態 [b]	酗酒問題	.07	.00
Testosterone[c]	成人犯罪	.12	.01
Cyclosporine[d]	死亡	.15	.02
AZT[e]	死亡	.23	.05
心理治療 [a]	改善	.32	.10

a.　參考文字內容。

b.　疾病控制中心越南經驗研究，1988。

c.　Dabbs & Morris, 1990。

d.　加拿大聯合中心（Canadian Multicenter）移植研究組，1983。

e.　Barnes, 1986。

經常用像 BESD 這種展示程序來指明我們研究結果的實際意義，可以讓我們更有用地與務實地衡量我們在應用性社會與行為科學的領域裡（更廣泛地說，在社會與行為科學的領域裡），作為一位研究者，我們究竟表現如何？事實上，應用 BESD 已經顯示，我們在「軟性」科學裡所做的已經遠比我們所認為的要好得多了。

參考書目

Adcock, C. J. (1960). A note on combining probabilities. *Psychometrika, 25,* 303-305.

Alexander, R. A., Scozzaro, M. J., & Borodkin, L. J. (1989). Statistical and empirical examination of the chi-square test for homogeneity of correlations in meta-analysis. *Psychological Bulletin, 106,* 329-331.

American Psychological Association. (1983). *Publication manual of the American Psychological Association* (3rd ed.). Washington, DC: Author.

Armor, D. J. (1974). Theta reliability and factor scaling. In H. L. Costner (Ed.), *Sociological methodology 1973-1974.* San Francisco: Jossey-Bass.

Atkinson, D. R., Furlong, M. J., & Wampold, B. E. (1982). Statistical significance, reviewer evaluations, and the scientific process: Is there a (statistically) significant relationship? *Journal of Counseling Psychology, 29,* 189-194.

Bakan, D. (1967). *On method.* San Francisco: Jossey-Bass.

Barnes, D. M. (1986). Promising results halt trial of anti-AIDS drug. *Science, 234,* 15-16.

Birch, M. W. (1963). Maximum likelihood in three-way contingency tables. *Journal of the Royal Statistical Society, B, 25,* 220-233.

Birnbaum, A. (1954). Combining independent tests of significance. *Journal of the American Statistical Association, 49,* 559-574.

Blackmore, S. (1980). The extent of selective reporting of ESP ganzfeld studies. *European Journal of Parapsychology, 3,* 213-219.

Bloom, B. S. (1964). *Stability and change in human characteristics.* New York: John Wiley.

Blyth, C. R. (1972). On Simpson's paradox and the sure-thing principle. *Journal of the American Statistical Association, 67,* 364-366.

Brehm, J. W. (1966). *A theory of psychological reactance.* New York: Academic Press.

Brozek, J., & Tiede, K. (1952). Reliable and questionable significance in a series of statistical tests. *Psychological Bulletin, 49,* 339-341.

Canadian Multicentre Transplant Study Group. (1983). A randomized clinical trial of cyclosporine in cadaveric renal transplantation. *New England Journal of Medicine, 309,* 809-815.

Centers for Disease Control Vietnam Experience Study. (1988). Health status of Vietnam veterans: 1. Psychosocial characteristics. *Journal of the American Medical Association, 259,* 2701-2707.

Chan, S. S., Sacks, H. S., & Chalmers, T. C. (1982). The epidemiology of unpublished randomized control trials. *Clinical Research, 30,* 234A.

Cochran, W. G. (1937). Problems arising in the analysis of a series of similar experiments. *Journal of the Royal Statistical Society,* Supplement 4(1), 102-118.

Cochran, W. G. (1943). The comparison of different scales of measurement for experimental results. *Annals of Mathematical Statistics, 14,* 205-216.

Cochran, W. G. (1954). Some methods for strengthening the common χ^2 tests. *Biometrics, 10*, 417-451.

Cochran, W. G., & Cox, G. M. (1957). *Experimental designs (2nd ed.).* New York: John Wiley. (First corrected printing, 1968).

Cohen, J. (1962). The statistical power of abnormal-social psychological research: A review. *Journal of Abnormal and Social Psychology, 65*, 145-153.

Cohen, J. (1965). Some statistical issues in psychological research. In B. B. Wolman (Ed.), *Handbook of clinical psychology.* New York: McGraw-Hill.

Cohen, J. (1969). *Statistical power analysis for the behavioral sciences.* New York: Academic Press.

Cohen, J. (1977). *Statistical power analysis for the behavioral sciences (rev. ed.).* New York: Academic Press.

Cohen, J. (1988). *Statistical power analysis for the behavioral sciences* (2nd ed.). Hillsdale, NJ: Lawrence Erlbaum Associates.

Collins, H. M. (1985). *Changing order: Replication and induction in scientific practice.* Beverly Hills, CA: Sage.

Compton, J. W. (1970). Experimenter bias: Reaction time and types of expectancy information. *Perceptual and Motor Skills, 31*, 159-168.

Cook, T. D., & Leviton, L. C. (1980). Reviewing the literature: A comparison of traditional methods with meta-analysis. *Journal of Personality, 48*, 449-472.

Cooper, H. M. (1979). Statistically combining independent studies: A meta-analysis of sex differences in conformity research. *Journal of Personality and Social Psychology, 37*, 131-146.

Cooper, H. M. (1981). On the significance of effects and the effects of significance. *Journal of Personality and Social Psychology, 41*, 1013-1018.

Cooper, H. M. (1982). Scientific guidelines for conducting integrative research reviews. *Review of Educational Research, 52*, 291-302.

Cooper, H. M. (1984). *The integrative research review: A social science approach.* Beverly Hills, CA: Sage.

Cooper, H. M. (1989a). *Homework.* NY: Longman.

Cooper, H. M. (1989b). *Integrating research: A guide to literature reviews* (2nd ed.). Newbury Park, CA: Sage.

Cooper, H. M., & Hazelrigg, P. (1988). Personality moderators of interpersonal expectancy effects: An integrative research review. *Journal of Personality and Social Psychology, 55*, 937-949.

Cooper, H. M., & Rosenthal, R. (1980). Statistical versus traditional procedures for summarizing research findings. *Psychological Bulletin, 87*, 442-449.

Coursol, A., & Wagner, E. E. (1986). Effect of positive findings on submission and acceptance rates: A note on meta-analysis bias. *Professional Psychology: Research and Practice, 17*, 136-137.

Dabbs, J. M., Jr., & Morris, R. (1990). Testosterone, social class, and antisocial behavior in a sample of 4,462 men. *Psychological Science, 1*, 209-211.

DePaulo, B. M., & Rosenthal, R. (1979). Ambivalence, discrepancy, and deception in nonverbal communication. In R. Rosenthal (Ed.), *Skill in nonverbal communication* (pp. 204-248). Cambridge, MA: Oelgeschlager, Gunn & Hain.

DePaulo, B. M., Zuckerman, M., & Rosenthal, R. (1980). Detecting deception: Modality effects. In L. Wheeler (Ed.), *Review of personality and social psychology.* Beverly Hills, CA: Sage.

社會研究的後設分析程序

Doctor, R. M. (1968). *Bias effects and awareness in studies of verbal conditioning.* Doctoral dissertation, University of Illinois.

Dusek, J. B., & Joseph, G. (1983). The bases of teacher expectancies: A meta-analysis. *Journal of Educational Psychology, 75,* 327-346.

Eagly, A. H., & Carli, L. L. (1981). Sex of researchers and sex-typed communications as determinants of sex differences in influenceability: A meta-analysis of social influence studies. *Psychological Bulletin, 90,* 1-20.

Edgington, E. S. (1972a). An additive method for combining probability values from independent experiments. *Journal of Psychology, 80,* 351-363.

Edgington, E. S. (1972b). A normal curve method for combining probability values from independent experiments. *Journal of Psychology, 82,* 85-89.

Eisner, D. A., Kosick, R. R., & Thomas, J. (1974). Investigators' instructions and experimenters' misrecording of questionnaire data. *Psychological Reports, 35,* 1278.

Elashoff, J. D. (1978). Box scores are for baseball. *The Behavioral and Brain Sciences, 3,* 392.

Ennis, J. G. (1974). *The bias effect of intentionality and expectancy on operant acquisition in rats, and on the accuracy of student experimental reports.* Unpublished manuscript, Middlebury College.

Federighi, E. T. (1959). Extended tables of the percentage points of Student's t-distribution. *Journal of the American Statistical Association, 54,* 683-688.

Feldman, K. A. (1971). Using the work of others: Some observations on reviewing and integrating. *Sociology of Education, 44,* 86-102.

Fienberg, S. E. (1977). *The analysis of cross-classified categorical data.* Cambridge, MA: The MIT Press.

Fisher, R. A. (1928). *Statistical methods for research workers (2nd ed.).* London: Oliver & Boyd.

Fisher, R. A. (1932). *Statistical methods for research workers (4th ed.).* London: Oliver & Boyd.

Fisher, R. A. (1938). *Statistical methods for research workers (7th ed.).* London: Oliver & Boyd.

Fiske, D. W. (1978). The several kinds of generalization. *The Behavioral and Brain Sciences, 3,* 393-394.

Fiske, D. W. (1983). The meta-analytic revolution in outcome research. *Journal of Consulting and Clinical Psychology, 51,* 65-70.

Fleming, E. S., & Anttonen, R. G. (1971). Teacher expectancy as related to the academic and personal growth of primary-age children. *Monographs of the Society for Research in Child Development, 36*(5, Whole No. 145).

Friedman, H. (1968). Magnitude of experimental effect and a table for its rapid estimation. *Psychological Bulletin, 70,* 245-251.

Glass, G. V (1976). Primary, secondary, and meta-analysis of research. *Educational Researcher, 5,* 3-8.

Glass, G. V (1977). Integrating findings: The meta-analysis of research. *Review of Research in Education, 5,* 351-379.

Glass, G. V (1978). In defense of generalization. *The Behavioral and Brain Sciences, 3,* 394-395.

Glass, G. V (1980). Summarizing effect sizes. In R. Rosenthal (Ed.), *New directions for methodology of social and behavioral science: Quantitative assessment of research domains.* San Francisco: Jossey-Bass.

Glass, G. V, & Kliegl, R. M. (1983). An apology for research integration in the study of psychotherapy. *Journal of Consulting and Clinical Psychology, 51,* 28-41.

Glass, G. V, McGaw, B., & Smith, M. L. (1981). *Meta-analysis in social research.* Beverly Hills, CA: Sage.

Glass, T. R. (1971). *Experimenter effects in a measure of intelligence.* Unpublished manuscript, Fairleigh Dickinson University.

Goldberg, M. (1978). *Acoustical factors in the perception of stress.* Unpublished manuscript, Harvard University, Cambridge.

Green, B. F., & Hall, J. A. (1984). Quantitative methods for literature reviews. *Annual Review of Psychology, 35,* 37-53.

Guilford, J. P. (1954). *Psychometric methods (2nd ed.).* New York: McGraw-Hill.

Guilford, J. P., & Fruchter, B. (1978). *Fundamental statistics in psychology and education (6th ed.).* New York: McGraw-Hill.

Hall, J. A. (1979). Gender, gender roles, and nonverbal communication skills. In R. Rosenthal (Ed.), *Skill in nonverbal communication: Individual differences* (pp. 32-67). Cambridge, MA: Oelgeschlager, Gunn & Hain.

Hall, J. A. (1980). Gender differences in nonverbal communication skills. In R. Rosenthal (Ed.), *New directions for methodology of social and behavioral science: Quantitative assessment of research domains* (pp. 63-77). San Francisco: Jossey-Bass.

Hall, J. A. (1984). *Nonverbal sex differences.* Baltimore, MD: The Johns Hopkins University Press.

Harris, M. J., & Rosenthal, R. (1985). Mediation of interpersonal expectancy effects: 31 meta-analyses. *Psychological Bulletin, 97,* 363-386.

Harris, M. J., & Rosenthal, R. (1988). Human performance research: An overview. Background paper commissioned by the National Research Council, Washington, DC: National Academy Press.

Hawthorne, J. W. (1972). *The influence of the set and dependence of the data collector on the experimenter bias effect.* Doctoral dissertation, Duke University.

Hedges, L. V. (1981). Distribution theory for Glass's estimator of effect size and related estimators. *Journal of Educational Statistics, 6,* 107-128.

Hedges, L. V. (1982a). Estimation of effect size from a series of independent experiments. *Psychological Bulletin, 92,* 490-499.

Hedges, L. V. (1982b). Fitting categorical models to effect sizes from a series of experiments. *Journal of Educational Statistics, 7,* 119-137.

Hedges, L. V. (1982c). Fitting continuous models to effect size data. *Journal of Educational Statistics, 7,* 245-270.

Hedges, L. V. (1983a). Combining independent estimators in research synthesis. *British Journal of Mathematical and Statistical Psychology, 36*(1), 123-131.

Hedges, L. V. (1983b). A random effects model for effect sizes. *Psychological Bulletin, 93,* 388-395.

Hedges, L. V. (1987). How hard is hard science, how soft is soft science? *American Psychologist, 42,* 443-455.

Hedges, L. V., & Olkin, I. (1980). Vote counting methods in research synthesis. *Psychological Bulletin, 88,* 359-369.

Hedges, L. V., & Olkin, I. (1982). Analyses, reanalyses, and meta-analysis. *Contemporary Education Review, 1,* 157-165.

Hedges, L. V., & Olkin, I. (1983a). Clustering estimates of effect magnitude from independent studies. *Psychological Bulletin, 93,* 563-573.

Hedges, L. V., & Olkin, I. (1983b). Regression models in research synthesis. *The American Statistician, 37,* 137-140.

Hedges, L. V., & Olkin, I. (1985). *Statistical methods for meta-analysis.* New York: Academic Press.

Hively, W. (1989). Cold fusion confirmed. *Science Observer,* July-August, 327.

Hoaglin, D. C., Mosteller, F., & Tukey, J. W. (Eds.). (1983). *Understanding robust and exploratory data analysis.* New York: John Wiley.

Honorton, C. (1985). Meta-analysis of psi Ganzfeld research: A response to Hyman. *Journal of Parapsychology, 49,* 51-91.

Howland, C. W. (1970). *The influence of knowledge of results and experimenter and subject personality styles upon the expectancy effect.* Masters thesis, University of Wisconsin.

Hsu, L. M. (1980). Tests of differences in p levels as tests of differences in effect sizes. *Psychological Bulletin, 88,* 705-708.

Hunter, J. E., & Schmidt, F. L. (1990). *Methods of meta-analysis: Correcting error and bias in research findings.* Newbury Park, CA: Sage.

Hunter, J. E., Schmidt, F. L., & Jackson, G. B. (1982). *Meta-analysis: Cumulating research findings across studies.* Beverly Hills, CA: Sage.

Hyde, J. S. (1980). How large are cognitive gender differences? A meta-analysis using ω^2 and d. *American Psychologist, 36,* 892-901.

Hyman, R. (1985). The Ganzfeld psi experiment: A critical appraisal. *Journal of Parapsychology, 49,* 3-49.

Jackson, G. B. (1978). *Methods for reviewing and integrating research in the social sciences.* (NSF Report for Grant DIS 76-20398). Washington, DC: National Science Foundation. (NTIS No. PB-283-747).

Jacob, T. (1969). *The emergence and mediation of the experimenter-bias effect as a function of "demand characteristics," experimenter "investment" and the nature of the experimental task.* Unpublished manuscript, University of Nebraska.

Johnson, H. G. (1944). An empirical study of the influence of errors of measurement upon correlation. *American Journal of Psychology, 57,* 521-536.

Johnson, R. W., & Adair, J. G. (1970). The effects of systematic recording error vs. experimenter bias on latency of word association. *Journal of Experimental Research in Personality, 4,* 270-275.

Johnson, R. W., & Adair, J. G. (1972). Experimenter expectancy vs. systematic recording error under automated and nonautomated stimulus presentation. *Journal of Experimental Research in Personality, 6,* 88-94.

Johnson, R. W., & Ryan, B. J. (1976). Observer recorder error as affected by different tasks and different expectancy inducements. *Journal of Research in Personality, 10,* 201-214.

Jones, L. V., & Fiske, D. W. (1953). Models for testing the significance of combined results. *Psychological Bulletin, 50,* 375-382.

Jung, J. (1978). Self-negating functions of self-fulfilling prophecies. *The Behavioral and Brain Sciences, 3,* 397-398.

Kaplan, A. (1964). *The conduct of inquiry: Methodology for behavioral science.* Scranton, PA: Chandler.

Kennedy, J. L., & Uphoff, H. F. (1939). Experiments on the nature of extrasensory perception: III. The recording error criticism of extra-chance scores. *Journal of Parapsychology, 3,* 226-245.

Kolata, G. B. (1981). Drug found to help heart attack survivors. *Science, 214,* 774-775.

Koshland, D. E., Jr. (1989). The confusion profusion. *Science, 244,* 753.

Kraemer, H. C., & Andrews, G. (1982). A nonparametric technique for meta-analysis effect size calculation. *Psychological Bulletin, 91,* 404-412.

Krauth, J. (1983). Nonparametric effect size estimation: A comment on Kraemer and Andrews. *Psychological Bulletin, 94,* 190-192.

Kulik, J. A., Kulik, C. C., & Cohen, P. A. (1979). A meta-analysis of outcome studies of Keller's Personalized System of Instruction. *American Psychologist, 34,* 307-318.

Lamb, W. K., & Whitla, D. K. (1983). *Meta-analysis and the integration of research findings: A trend analysis and bibliography prior to 1983.* Unpublished manuscript, Harvard University, Cambridge.

Lancaster, H. O. (1961). The combination of probabilities: An application of orthonormal functions. *Australian Journal of Statistics, 3,* 20-33.

Landman, J. T., & Dawes, R. M. (1982). Psychotherapy outcome: Smith and Glass' conclusions stand up under scrutiny. *American Psychologist, 37,* 504-516.

Lewin, L. M., & Wakefield, J. A., Jr. (1979). Percentage agreement and phi: A conversion table. *Journal of Applied Behavior Analysis, 12,* 299-301.

Light, R. J. (1979). Capitalizing on variation: How conflicting research findings can be helpful for policy. *Educational Researcher, 8,* 7-11.

Light, R. J., & Pillemer, D. B. (1982). Numbers and narrative: Combining their strengths in research reviews. *Harvard Educational Review, 52,* 1-26.

Light, R. J., & Pillemer, D. B. (1984). *Summing up: The science of reviewing research.* Cambridge, MA: Harvard University Press.

Light, R. J., & Smith, P. V. (1971). Accumulating evidence: Procedures for resolving contradictions among different research studies. *Harvard Educational Review, 41,* 429-471.

Lilliefors, H. W. (1967). On the Kolmogorov-Smirnov test for normality with mean and variance unknown. *Journal of the American Statistical Association, 62,* 399-402.

Lush, J. L. (1931). Predicting gains in feeder cattle and pigs. *Journal of Agricultural Research, 42,* 853-881.

Mann, C. (1990). Meta-analysis in the breech. *Science, 249,* 476-480.

Marvell, T. B. (1979). *Personal communication.* National Center for State Courts, Williamsburg, VA.

Mayo, C. C. (1972). *External conditions affecting experimental bias.* Doctoral dissertation, University of Houston.

Mayo, R. J. (1978). Statistical considerations in analyzing the results of a collection of experiments. *The Behavioral and Brain Sciences, 3,* 400-401.

McConnell, R. A., Snowdon, R. J., & Powell, K. F. (1955). Wishing with dice. *Journal of Experimental Psychology, 50,* 269-275.

McNemar, Q. (1960). At random: Sense and nonsense. *American Psychologist, 15,* 295-300.

Mintz, J. (1983). Integrating research evidence: A commentary on meta-analysis. *Journal of Consulting and Clinical Psychology, 51,* 71-75.

Mosteller, F. M., & Bush, R. R. (1954). Selected quantitative techniques. In G. Lindzey (Ed.), *Handbook of social psychology: Vol. 1. Theory and method* (pp. 289-334). Cambridge, MA: Addison-Wesley.

Mosteller, F., & Rourke, R. E. K. (1973). *Sturdy statistics.* Reading, MA: Addison-Wesley.

Mullen, B. (1989). *Advanced BASIC meta-analysis.* Hillsdale, NJ: Erlbaum.

Mullen, B., & Rosenthal, R. (1985). *BASIC meta-analysis: Procedures and programs.* Hillsdale, NJ: Erlbaum.

Nelson, N., Rosenthal, R., & Rosnow, R. L. (1986). Interpretation of significance levels and effect sizes by psychological researchers. *American Psychologist, 41,* 1299-1301.

Pearson, K. (1933a). Appendix to Dr. Elderton's paper on "The Lanarkshire milk experiment." *Annals of Eugenics, 5,* 337-338.

Pearson, K. (1933b). On a method of determining whether a sample of size *n* supposed to have been drawn from a parent population having a known probability integral has probably been drawn at random. *Biometrika, 25,* 379-410.

Persinger, G. W., Knutson, C., & Rosenthal, R. (1968). *Communication of interpersonal expectations of ward personnel to neuropsychiatric patients.* Unpublished data, Harvard University.

Pillemer, D. B., & Light, R. J. (1980a). Benefiting from variation in study outcomes. In R. Rosenthal (Ed.), *New directions for methodology of social and behavioral science: Quantitative assessment of research domains* (pp. 1-11). San Francisco: Jossey-Bass.

Pillemer, D. B., & Light, R. J. (1980b). Synthesizing outcomes: How to use research evidence from many studies. *Harvard Educational Review, 50,* 176-195.

Pool, R. (1988). Similar experiments, dissimilar results. *Science, 242,* 192-193.

Pool, R. (1989). Will new evidence support cold fusion? *Science, 246,* 206.

Prioleau, L., Murdock, M., & Brody, N. (1983). An analysis of psychotherapy vs. placebo studies. *The Behavioral and Brain Sciences, 6,* 275-310.

Rimland, B. (1979). Death knell for psychotherapy? *American Psychologist, 34,* 192.

Rosenthal, M. (1985). Bibliographic retrieval for the social and behavioral scientist. *Research in Higher Education, 22,* 315-333.

Rosenthal, R. (1961, September). On the social psychology of the psychological experiment: With particular reference to experimenter bias. In H. W. Riecken (Chair), *On the social psychology of the psychological experiment.* Symposium conducted at the meeting of the American Psychological Association, New York.

Rosenthal, R. (1963). On the social psychology of the psychological experiment: The experimenter's hypothesis as unintended determinant of experimental results. *American Scientist, 51,* 268-283.

Rosenthal, R. (1964). Effects of the experimenter on the results of psychological research. In B. A. Maher (Ed.), *Progress in experimental personality research, Vol. 1* (pp. 79-114). New York: Academic Press.

Rosenthal, R. (1966). *Experimenter effects in behavioral research.* New York: Appleton-Century-Crofts.

Rosenthal, R. (1968a). An application of the Kolmogorov-Smirnov test for normality with estimated mean and variance. *Psychological Reports, 22,* 570.

Rosenthal, R. (1968b). Experimenter expectancy and the reassuring nature of the null hypothesis decision procedure. *Psychological Bulletin Monograph Supplement, 70,* 30-47.

Rosenthal, R. (1969). Interpersonal expectations. In R. Rosenthal and R. L. Rosnow (Eds.), *Artifact in behavioral research* (pp. 181-277). New York: Academic Press.

Rosenthal, R. (1976). *Experimenter effects in behavioral research.* Enlarged edition. New York: Irvington.

Rosenthal, R. (1978a). Combining results of independent studies. *Psychological Bulletin, 85,* 185-193.

Rosenthal, R. (1978b). How often are our numbers wrong? *American Psychologist, 33,* 1005-1008.

Rosenthal, R. (1979a). The "file drawer problem" and tolerance for null results. *Psychological Bulletin, 86,* 638-641.

Rosenthal, R. (1979b). Replications and their relative utilities. *Replications in Social Psychology, 1*(1), 15-23.

Rosenthal, R. (Ed.). (1980). *New directions for methodology of social and behavioral science: Quantitative assessment of research domains* (No. 5). San Francisco: Jossey-Bass.

Rosenthal, R. (1982a). Conducting judgment studies. In K. R. Scherer & P. Ekman (Eds.), *Handbook of methods in nonverbal behavior research* (pp. 387-361). New York: Cambridge University Press.

Rosenthal, R. (1982b). Valid interpretation of quantitative research results. In D. Brinberg & L. H. Kidder (Eds.), *Forms of validity in research* (pp. 59-75). San Francisco: Jossey-Bass.

Rosenthal, R. (1983a). Assessing the statistical and social importance of the effects of psychotherapy. *Journal of Consulting and Clinical Psychology, 51*, 4-13.

Rosenthal, R. (1983b). Improving meta-analytic procedures for assessing the effects of psychotherapy vs. placebo. *The Behavioral and Brain Sciences, 6*, 298-299.

Rosenthal, R. (1983c). Meta-analysis: Toward a more cumulative social science. In L. Bickman (Ed.), *Applied and social psychology annual* (Vol. 4) (pp. 65-93). Beverly Hills, CA: Sage.

Rosenthal, R. (1983d). Methodological issues in behavioral sciences. In B. B. Wolman (Ed.), *Progress volume I: International encyclopedia of psychiatry, psychology, psychoanalysis, & neurology* (pp. 273-277). New York: Aesculapius Publishers.

Rosenthal, R. (1984). *Meta-analytic procedures for social research.* Beverly Hills, CA: Sage.

Rosenthal, R. (1985a). Designing, analyzing, interpreting, and summarizing placebo studies. In L. White, B. Tursky, & G. E. Schwartz (Eds.), *Placebo: Theory, research, and mechanisms* (pp. 110-136). NY: Guilford.

Rosenthal, R. (1985b). From unconscious experimenter bias to teacher expectancy effects. In J. B. Dusek, V. C. Hall, & W. J. Meyer (Eds.), *Teacher expectancies* (pp. 37-65). Hillsdale, NJ: Lawrence J. Erlbaum.

Rosenthal, R. (1986). Meta-analytic procedures and the nature of replication: The Ganzfeld debate. *Journal of Parapsychology, 50*, 315-336.

Rosenthal, R. (1987a). *Judgment studies: Design, analysis and meta-analysis.* Cambridge, England: Cambridge University Press.

Rosenthal, R. (1987b). Pygmalion effects: Existence, magnitude, and social importance. *Educational Researcher, 16*, 37-41.

Rosenthal, R. (1990a). How are we doing in soft psychology? *American Psychologist, 45*, 775-777.

Rosenthal, R. (1990b). Replication in behavioral research. *Journal of Social Behavior and Personality, 5*, 1-30.

Rosenthal, R. (1990). Evaluation of procedures and results. In K. W. Wachter & M. L. Straf (Eds.), *The future of meta-analysis.* NY: Russell Sage Foundation.

Rosenthal, R., & DePaulo, B. M. (1979). Sex differences in accommodation in nonverbal communication. In R. Rosenthal (Ed.), *Skill in nonverbal communication: Individual differences* (pp. 68-103). Cambridge, MA: Oelgeschlager, Gunn & Hain.

Rosenthal, R., Friedman, C. J., Johnson, C. A., Fode, K. L., Schill, T. R., White, C. R., & Vikan-Kline, L. L. (1964). Variables affecting experimenter bias in a group situation. *Genetic Psychology Monographs, 70*, 271-296.

Rosenthal, R., & Gaito, J. (1963). The interpretation of levels of significance by psychological researchers. *Journal of Psychology, 55*, 33-38.

Rosenthal, R., & Gaito, J. (1964). Further evidence for the cliff effect in the interpretation of levels of significance. *Psychological Reports, 15*, 570.

Rosenthal, R., & Hall, C. M. (1968). *Computational errors in behavioral research.* Unpublished data, Harvard University.

Rosenthal, R., Hall, J. A., DiMatteo, M. R., Rogers, P. L., & Archer, D. (1979). *Sensitivity to nonverbal communication: The PONS Test.* Baltimore: The Johns Hopkins University Press.

Rosenthal, R., & Rosnow, R. L. (1975). *The volunteer subject.* New York: John Wiley.

Rosenthal, R., & Rosnow, R. L. (1984a). *Essentials of behavioral research: Methods and data analysis.* New York: McGraw-Hill.

Rosenthal, R., & Rosnow, R. L. (1984b). *Understanding behavioral science.* New York: McGraw-Hill.

Rosenthal, R., & Rosnow, R. L. (1985). *Contrast analysis: Focused comparisons in the analysis of variance.* New York: Cambridge University Press.

Rosenthal, R., & Rosnow, R. L. (1991). *Essentials of behavioral research: Methods and data analysis* (2nd ed.). New York: McGraw-Hill.

Rosenthal, R., & Rubin, D. B. (1978a). Interpersonal expectancy effects: The first 345 studies. *The Behavioral and Brain Sciences, 3,* 377-386.

Rosenthal, R., & Rubin, D. B. (1978b). Issues in summarizing the first 345 studies of interpersonal expectancy effects. *The Behavioral and Brain Sciences, 3,* 410-415.

Rosenthal, R., & Rubin, D. B. (1979a). Comparing significance levels of independent studies. *Psychological Bulletin, 86,* 1165-1168.

Rosenthal, R., & Rubin, D. B. (1979b). A note on percent variance explained as a measure of the importance of effects. *Journal of Applied Social Psychology, 9,* 395-396.

Rosenthal, R., & Rubin, D. B. (1980a). Further issues in summarizing 345 studies of interpersonal expectancy effects. *The Behavioral and Brain Sciences, 3,* 475-476.

Rosenthal, R., & Rubin, D. B. (1980b). Summarizing 345 studies of interpersonal expectancy effects. In R. Rosenthal (Ed.), *New directions for methodology of social and behavioral science: Quantitative assessment of research domains* (pp. 79-95). San Francisco: Jossey-Bass.

Rosenthal, R., & Rubin, D. B. (1982a). Comparing effect sizes of independent studies. *Psychological Bulletin, 92,* 500-504.

Rosenthal, R., & Rubin, D. B. (1982b). Further meta-analytic procedures for assessing cognitive gender differences. *Journal of Educational Psychology, 74,* 708-712.

Rosenthal, R., & Rubin, D. B. (1982c). A simple, general purpose display of magnitude of experimental effect. *Journal of Educational Psychology, 74,* 166-169.

Rosenthal, R., & Rubin, D. B. (1983). Ensemble-adjusted *p* values. *Psychological Bulletin, 94,* 540-541.

Rosenthal, R., & Rubin, D. B. (1984). Multiple contrasts and ordered Bonferroni procedures. *Journal of Educational Psychology, 76,* 1028-1034.

Rosenthal, R., & Rubin, D. B. (1986). Meta-analytic procedures for combining studies with multiple effect sizes. *Psychological Bulletin, 99,* 400-406.

Rosenthal, R., & Rubin, D. B. (1988). Comment: Assumptions and procedures in the file drawer problem. *Statistical Science, 3,* 120-125.

Rosenthal, R., & Rubin, D. B. (1989). Effect size estimation for one-sample multiple-choice-type data: Design, analysis, and meta-analysis. *Psychological Bulletin, 106,* 332-337.

Rosenthal, R., & Rubin, D. B. (1991). Further issues in effect size estimation for one-sample multiple-choice-type data. *Psychological Bulletin, 109,* 351-352.

Rosnow, R. L. (1981). *Paradigms in transition.* New York: Oxford University Press.

Rosnow, R. L., & Rosenthal, R. (1989). Statistical procedures and the justification of knowledge in psychological science. *American Psychologist, 44,* 1276-1284.

Rusch, F. R., Greenwood, C. R., & Walker, H. M. (1978). *The effects of complexity, time and feedback upon experimenter calculation errors.* Unpublished manuscript, University of Illinois, Urbana-Champaign.

Rusch, F. R., Walker, H. M., & Greenwood, C. R. (1974). *A systematic analysis of experimenter error responses in the calculation of observation data.* Unpublished manuscript, University of Oregon, Eugene.

Shadish, W. R., Jr., Doherty, M., & Montgomery, L. M. (1989). How many studies are in the file drawer? An estimate from the family/marital psychotherapy literature. *Clinical Psychology Review, 9,* 589-603.

Shapiro, D. A., & Shapiro, D. (1983). Comparative therapy outcome research: Methodological implications of meta-analysis. *Journal of Consulting and Clinical Psychology, 51,* 42-53.

Shoham-Salomon, V., & Rosenthal, R. (1987). Paradoxical interventions: A meta-analysis. *Journal of Consulting and Clinical Psychology, 55,* 22-28.

Siegel, S. (1956). *Nonparametric statistics.* New York: McGraw-Hill.

Siegel, S., & Castellan, N. J., Jr. (1988). *Nonparametric statistics for the behavioral sciences* (2nd ed.). New York: McGraw-Hill.

Simes, R. J. (1987). Confronting publication bias: A cohort design for meta-analysis. *Statistics in Medicine, 6,* 11-29.

Simpson, E. H. (1951). The interpretation of interaction in contingency tables. *Journal of the Royal Statistical Society, B, 13,* 238-241.

Smart, R. G. (1964). The importance of negative results in psychological research. *Canadian Psychologist, 5a,* 225-232.

Smith, M. L. (1980). Integrating studies of psychotherapy outcomes. In R. Rosenthal (Ed.), *New directions for methodology of social and behavioral science: Quantitative assessment of research domains* (pp. 47-61). San Francisco: Jossey-Bass.

Smith, M. L., & Glass, G. V (1977). Meta-analysis of psychotherapy outcome studies. *American Psychologist, 32,* 752-760.

Smith, M. L., Glass, G. V, & Miller, T. I. (1980). *The benefits of psychotherapy.* Baltimore: Johns Hopkins University Press.

Snedecor, G. W. (1946). *Statistical methods (4th ed.).* Ames: Iowa State College Press.

Snedecor, G. W., & Cochran, W. G. (1967). *Statistical methods (6th ed.).* Ames, Iowa State University Press.

Snedecor, G. W., & Cochran, W. G. (1980). *Statistical methods (7th ed.).* Ames: Iowa State University Press.

Snedecor, G. W., & Cochran, W. G. (1989). *Statistical methods (8th ed.).* Ames: Iowa State University Press.

Sommer, B. (1987). The file drawer effect and publication rates in menstrual cycle research. *Psychology of Women Quarterly, 11,* 233-241.

Spearman, C. (1910). Correlation calculated from faulty data. *British Journal of Psychology, 3,* 271-295.

Steering Committee of the Physicians Health Study Research Group. (1988). Preliminary report: Findings from the aspirin component of the ongoing physicians' health study. *The New England Journal of Medicine, 318,* 262-264.

Sterling, T. D. (1959). Publication decisions and their possible effects on inferences drawn from tests of significance – or vice versa. *Journal of the American Statistical Association, 54,* 30-34.

Stock, W. A., Okun, M. A., Haring, M. J., Miller, W., Kinney, C., & Ceurvorst, R. W. (1982). Rigor in data synthesis: A case study of reliability in meta-analysis. *Educational Researcher, 11,* 10-14.

Stouffer, S. A., Suchman, E. A., DeVinney, L. C., Star, S. A., & Williams, R. M., Jr. (1949). *The American soldier: Adjustment during army life, Vol. I.* Princeton, NJ: Princeton University Press.

Strube, M. J. (1985). Combining and comparing significance levels from nonindependent hypothesis tests. *Psychological Bulletin, 97,* 334-341.

Strube, M. J., Gardner, W., Hartmann, D. P. (1985). Limitations, liabilities, and obstacles in reviews of the literature: The current status of meta-analysis. *Clinical Psychology Review, 5,* 63-78.

Strube, M. J., & Hartmann, D. P. (1983). Meta-analysis: Techniques, applications, and functions. *Journal of Consulting and Clinical Psychology, 51,* 14-27.

Sudman, S., & Bradburn, N. M. (1974). *Response effects in surveys. A review and synthesis.* Chicago: Aldine.

Taubes, G. (1990). Cold fusion conundrum at Texas A & M. *Science, 248,* 1299-1304.

Taveggia, T. C. (1974). Resolving research controversy through empirical cumulation: Toward reliable sociological knowledge. *Sociological Methods & Research, 2,* 395-407.

Thorndike, R. L. (1933). The effect of the interval between test and retest on the constancy of the IQ. *Journal of Educational Psychology, 24,* 543-549.

Tippett, L. H. C. (1931). *The methods of statistics.* London: Williams & Norgate.

Tobias, P. (1978). *Personal communication.* Los Angeles: IBM.

Todd, J. L. (1971). *Social evaluation orientation, task orientation, and deliberate cuing in experimenter bias effect.* Doctoral dissertation, University of California, Los Angeles.

Tukey, J. W. (1977). *Exploratory data analysis.* Reading, MA: Addison-Wesley.

Underwood, B. J. (1957). Interference and forgetting. *Psychological Review, 64,* 49-60.

Upton, G. J. G. (1978). *The analysis of cross-tabulated data.* New York: John Wiley.

Viana, M. A. G. (1980). Statistical methods for summarizing independent correlational results. *Journal of Educational Statistics, 5,* 83-104.

Wachter, K. W., & Straf, M. L. (Eds.) (1990). *The future of meta-analysis.* New York: Russell Sage.

Wakefield, J. A., Jr. (1980). Relationship between two expressions of reliability: Percentage agreement and phi. *Educational and Psychological Measurement, 40,* 593-597.

Walberg, H. J., & Haertel, E. H. (Eds.). (1980). Research integration: The state of the art. *Evaluation in Education, 4,* Whole Number 1.

Walker, H. M., & Lev, J. (1953). *Statistical inference.* New York: Holt, Rinehart & Winston.

Wallace, D. L. (1959). Bounds on normal approximations to Student's and the chi-square distributions. *Annals of Mathematical Statistics, 30,* 1121-1130.

Weiss, L. R. (1967). *Experimenter bias as a function of stimulus ambiguity.* Unpublished manuscript, State University of New York at Buffalo.

Welkowitz, J., Ewen, R. B., & Cohen, J. (1982). *Introductory statistics for the behavioral sciences* (3rd ed.). New York: Academic Press.

Wilkinson, B. (1951). A statistical consideration in psychological research. *Psychological Bulletin, 48,* 156-158.

Wilson, G. T., & Rachman, S. J. (1983). Meta-analysis and the evaluation of psychotherapy outcome: Limitations and liabilities. *Journal of Consulting and Clinical Psychology, 51,* 54-64.

Winer, B. J. (1971). *Statistical principles in experimental design (2nd ed.).* New York: McGraw-Hill.

Wolf, F. M. (1986). *Meta-analysis: Quantitative methods for research synthesis.* QASS series 07-059. Beverly Hills, CA: Sage.

Wolins, L. (1962). Responsibility for raw data. *American Psychologist, 17,* 657-658.

Yule, G. U. (1903). Notes on the theory of association of attributes in statistics. *Biometrika, 2,* 121-134.

Zelen, M., & Joel, L. S. (1959). The weighted compounding of two independent significance tests. *Annals of Mathematical Statistics, 30,* 885-895.

Zuckerman, M., DePaulo, B. M., & Rosenthal, R. (1981). Verbal and nonverbal communication of deception. In L. Berkowitz (Ed.), *Advances in Experimental Social Psychology* (Vol. 14, pp. 1-59). New York: Academic Press.

索引

A

B

C

D

E

R

S

社會研究的後設分析程序

V

W

Y

關於作者

Robert Rosenthal 教授於 1953 年與 1956 年自加州大學洛杉磯分校獲得學士及博士學位,並獲得臨床心理學上的專業資格。在 1957 至 1962 年間,他執教於北達科他大學,並擔任臨床心理學博士生主任,之後他轉往哈佛大學,從 1967 年起,任社會心理學教授。Rosenthal 氏的研究三十餘年來均集中於日常生活中與實驗情境中自我實現預言的角色。他的特殊興趣包括教師對學生在知識與身體實作上的期望之效果,實驗者對研究結果的期望之效果,及醫師對病人心理、生理健康期望之效果等。他的興趣包括(a)人際期望效果之調解及小工作群與小社群中男女成員關係等的非口語溝通之角色;(b)行為研究中人為造物之來源;與(c)各種量化程序。在資料分析領域裡,他特別對變異數分析、對照分析與後設分析感興趣。Rosenthal 教授是美國科學發展學會(American Association for the Advancement of Science)與美國心理學會的資深會員。他曾與 K. Fode 獲得美國科學發展學會 1960 年社會心理學獎,並與 L. Jacebson 獲得 APA 1967 年第一屆 Cattel 基金獎。他曾於 1972

年夏擔任資深傅爾布萊特學者及古根漢（Guggenheim）研究員（1973-1974）。1979 年，麻州心理學會授予他傑出生涯貢獻獎。1988 年，他得到人格與社會心理學會的 Donald Campbell 獎。1988-1989 年，他擔任行為科學商等研究中心研究員。他曾任在美、加、澳、英、斐濟、法、德、以色列、義大利、巴布亞、新幾內亞與瑞士等國執教。他曾獨自撰寫或與人合著約三百篇論文及多本書籍。

弘智文化價目表

弘智文化出版品進一步資訊歡迎至網站瀏覽：honz-book.com.tw

書　名	定　價	書　名	定　價
社會心理學（第三版）	700	生涯規劃：掙脫人生的三大桎梏	250
教學心理學	600	心靈塑身	200
生涯諮商理論與實務	658	享受退休	150
健康心理學	500	婚姻的轉捩點	150
金錢心理學	500	協助過動兒	150
平衡演出	500	經營第二春	120
追求未來與過去	550	積極人生十撇步	120
夢想的殿堂	400	賭徒的救生圈	150
心理學：適應環境的心靈	700		
兒童發展	出版中	生產與作業管理（精簡版）	600
為孩子做正確的決定	300	生產與作業管理（上）	500
認知心理學	出版中	生產與作業管理（下）	600
照護心理學	390	管理概論：全面品質管理取向	650
老化與心理健康	390	組織行為管理學	800
身體意象	250	國際財務管理	650
人際關係	250	新金融工具	出版中
照護年老的雙親	200	新白領階級	350
諮商概論	600	如何創造影響力	350
兒童遊戲治療法	500	財務管理	出版中
認知治療法概論	500	財務資產評價的數量方法一百問	290
家族治療法概論	出版中	策略管理	390
婚姻治療法	350	策略管理個案集	390
教師的諮商技巧	200	服務管理	400
醫師的諮商技巧	出版中	全球化與企業實務	900
社工實務的諮商技巧	200	國際管理	700
安寧照護的諮商技巧	200	策略性人力資源管理	出版中
		人力資源策略	390

書　名	定價		書　名	定價
管理品質與人力資源	290		社會學：全球性的觀點	650
行動學習法	350		紀登斯的社會學	出版中
全球的金融市場	500		全球化	300
公司治理	350		五種身體	250
人因工程的應用	出版中		認識迪士尼	320
策略性行銷（行銷策略）	400		社會的麥當勞化	350
行銷管理全球觀	600		網際網路與社會	320
服務業的行銷與管理	650		立法者與詮釋者	290
餐旅服務業與觀光行銷	690		國際企業與社會	250
餐飲服務	590		恐怖主義文化	300
旅遊與觀光概論	600		文化人類學	650
休閒與遊憩概論	600		文化基因論	出版中
不確定情況下的決策	390		社會人類學	390
資料分析、迴歸、與預測	350		血拼經驗	350
確定情況下的下決策	390		消費文化與現代性	350
風險管理	400		肥皂劇	350
專案管理師	350		全球化與反全球化	250
顧客調查的觀念與技術	450		身體權力學	320
品質的最新思潮	450			
全球化物流管理	出版中		教育哲學	400
製造策略	出版中		特殊兒童教學法	300
國際通用的行銷量表	出版中		如何拿博士學位	220
組織行為管理學	800		如何寫評論文章	250
許長田著「行銷超限戰」	300		實務社群	出版中
許長田著「企業應變力」	300		現實主義與國際關係	300
許長田著「不做總統，就做廣告企劃」	300		人權與國際關係	300
許長田著「全民拼經濟」	450		國家與國際關係	300
許長田著「國際行銷」	580			
許長田著「策略行銷管理」	680		統計學	400

弘智文化出版品進一步資訊歡迎至網站瀏覽：honz-book.com.tw

書　名	定價		書　名	定價
類別與受限依變項的迴歸統計模式	400		政策研究方法論	200
機率的樂趣	300		焦點團體	250
			個案研究	300
策略的賽局	550		醫療保健研究法	250
計量經濟學	出版中		解釋性互動論	250
經濟學的伊索寓言	出版中		事件史分析	250
			次級資料研究法	220
電路學（上）	400		企業研究法	出版中
新興的資訊科技	450		抽樣實務	出版中
電路學（下）	350		十年健保回顧	250
電腦網路與網際網路	290			
應用性社會研究的倫理與價值	220		書僮文化價目表	
社會研究的後設分析程序	250			
量表的發展	200		台灣五十年來的五十本好書	220
改進調查問題：設計與評估	300		２００２年好書推薦	250
標準化的調查訪問	220		書海拾貝	220
研究文獻之回顧與整合	250		替你讀經典：社會人文篇	250
參與觀察法	200		替你讀經典：讀書心得與寫作範例篇	230
調查研究方法	250			
電話調查方法	320		生命魔法書	220
郵寄問卷調查	250		賽加的魔幻世界	250
生產力之衡量	200			
民族誌學	250			

社會研究的後設分析程序

原　　著 / Robert Rosenthal
譯　　者 / 齊力
校　　訂 / 吳齊殷
主 譯 者 / 國立編譯館
執行編輯 / 古淑娟
出 版 者 / 弘智文化事業有限公司
登 記 證 / 局版台業字第 6263 號
地　　址 / 台北市大同區民權西路 118 巷 15 弄 3 號 7 樓
電　　話 / （02）2557-5685・0932321711・0921121621
傳　　真 / （02）2557-5383
發 行 人 / 邱一文
書店經銷 / 旭昇圖書有限公司
地　　址 / 台北縣中和市中山路 2 段 352 號 2 樓
電　　話 / （02）22451480
傳　　真 / （02）22451479
製　　版 / 信利印製有限公司
版　　次 / 1999 年 04 月初版一刷
定　　價 / 250 元
弘智文化出版品進一步資訊歡迎至網站瀏覽：
http://www.honz-book.com.tw

ISBN 957-98081-5-5

國家圖書館出版品預行編目資料

社會研究的後設分析程序 / Robert Rosenthal 著；
齊力譯. --初版. --台北市：弘智文化；
1999〔民 88〕
冊： 公分（應用社會科學調查研究方法系列叢書；2）
參考書目：面；含索引
譯自：Meta-Analytic Procedures for Social Research
ISBN 957-98081-5-5（平裝）

1. 社會科學—研究方法

501.2   88001245